事例でわかる 発達障害と職場のトラブルへの対応

川崎医療福祉大学医療福祉学部
臨床心理学科教授
谷原弘之

法研

はじめに

みなさんは、職場に発達障害と思われる人がいたらどのように感じますか？

コミュニケーションがうまくとれない、マイペース、こだわりが強い…などの行動特性が目について、付き合いにくい人だと感じてしまうかもしれません。

では、ご自身が発達障害かもしれないと思っている人は、どのように感じているのでしょうか？　自分はコミュニケーションが苦手だ、柔軟に対応する余裕がない、一度に一つのことしかできなくて不器用だ…と悩んでいるかもしれません。

最近は、発達障害と診断されないまでも、発達障害の傾向をもつ人が増えているように感じます。彼らは、職場の中で生きにくさを感じ、大きなストレスを抱えながら働いています。しかし、同様に周囲の人たちも、発達障害の傾向をもつ人への対応がわからずに、ストレスを感じながら仕事をしていることが多いのです。

たとえば、発達障害の傾向をもつ人が、職場でお客様からの苦情に対して、自分の会社の間違いではなくお客様の勘違いであることをズバッと指摘したため、より大きな苦情に発展する、というような話を聞くことがあります。

同じ職場の人からすると、「本人の言うことは間違ってはいないけれど、もっと空気を読んで、言い方を工夫して対応してよ」と感じます。しかし、本人は意味がわからず混乱してしまいます。このような場合、周囲の人が本人にも伝わる言い方を用いることで改善することがあります。

たとえば、「苦情を受けたときは即答でお客様の間違いを指摘するのではなく、5分以上お客様の苦情を聞いてから、マニュアルに沿って自社の考えを伝えてください」と言うと、理解してもらえるかもしれません。その場にあった行動をすることを、適応行動の獲得といいます。ポイントは「5分以上」という具体的な数字を提示することです。

このように、ちょっとした工夫で適応行動が頭に入っていきやすくなり、お互いが傷つかずに生産性が上がるやり方があります。これからの職場のあり方を考えるとき、発達障害の傾向をもつ人たちとの上手な付き合い方を知っておくことは、仕事を皆が気持ちよく速やかに進める鍵になると思います。職場内で相互理解の風土を作り、働く人たちがｗｉｎ－ｗｉｎの関係を築くことこそが、よりよい職場の第一歩です。本書では、架空ですがわかりやすくパターン化した事例を交えて付き合い方のコツを紹介したいと思います。

二〇一八年四月

谷原弘之

第1章 職場にいる〝発達障害かもしれない〟人たち

第2章 発達障害の特性が職場であらわれるとどうなるか？

第3章 〝発達障害かもしれない〟人たちの気持ちを知る

第4章 相手の気持ちを読み取り、理解することの困難さ

第5章 ワーキングメモリを鍛える

第6章 環境に適応するヒントは学生時代にあり

第7章 発達障害かもしれない社員と職場がwin－winの関係を作るコツ

発送リスト作成
ラベル作成
DM封入
郵便局
……
まずはコレから…

本書で紹介している事例は、職場でよく見られるトラブルを、人間関係やトラブルの状況をわかりやすくパターン化した架空のエピソードとして紹介しています。実在の人物、企業とは関係がありませんのでご了承ください。

装丁・DTP　ホップボックス
イラスト　ワタナベカズコ
　　　　　ホップボックス
編集協力　井澤由里子

第 1 章

職場にいる“発達障害かもしれない”人たち

近年、職場で起きたトラブルを見ていると、発達障害の特性が原因ではないかと感じることが多々あります。

実際、多くの職場には、発達障害の診断は受けていないまでも、発達障害の傾向がある人が増えているように思います。法律では「発達障害者支援法（平成十六年十二月）」が制定され、発達障害は脳の機能の障害であることが明記されました。

同僚とコミュニケーションを取るのが苦手であったり、ミスを繰り返したりする人が、実は努力不足なわけではなく、発達障害の人の特性によるものだとしたら、周囲の人は、その特性を理解し、工夫することで、相互の状況は改善が期待できます。

職場のトラブルが増えている

近年、職場で発生するトラブルに悩んでいる人が増えています。

たとえば、「仕事の優先順位の変更ができず、朝自分が決めた順にしか仕事ができない」「机の上の片づけができず、ものをなくす」「時間にルーズで、顧客との約束さえ忘れてしまう」といった〝こだわり〟や、あまりにも頻繁な〝注意散漫〟によるものです。

従来はこのようなトラブルは、社員のわがまま、だらしなさ、やる気のなさと思われてきました。しかし近年「発達障害」が知られるようになり、職場で起こるトラブルのなかにも発達障害や、その傾向によると考えられるものが多いことがわかってきました。こうした例では本人も悩んでいますし、同じ職場で働く人も悩んでいます。

ですが、もし職場で起きるトラブルが発達障害に起因するものであれば、工夫次第で改善できる可能性があります。発達障害の特性を理解し、それぞれに合った対応をすることでトラブルが減り、発達障害の特性を持つ本人も安心して実力を発揮できるようになった例がいくつもあります。

まずは発達障害について説明しましょう。

発達障害の基礎知識

発達障害とは？

「発達障害」という言葉が、少しずつ周知されるようになっています。職場で自分がうまく適応できないことが、発達障害に起因しているのではないかと自覚する人も出てきています。かつては、親の育て方が悪いからだ、などと誤解され、発達障害が認知されていなかった時代背景もあり、大人になってから医療機関を受診する人もいます。

しかし、大人になると発達障害の特性のあらわれ方が変化するため、診断は難しくなります。すると、発達障害と診断されないけれど「困っている状態」は改善しないため、二次障害として、うつ病や適応障害などの精神疾患を発症する人も少なくありません。

平成16年12月、「発達障害者支援法」が制定されました（平成28年6月に改正）。

第一条では、「発達障害者の心理機能の適正な発達及び円滑な社会生活の促進のために発達障害の症状の発現後できるだけ早期に発達支援を行うとともに、切れ目なく発達障害者の支援を行うことが特に重要である（後略）」とあります。

第二条では、「この法律において『発達障害』とは、自閉症、アスペルガー症候群その他の広汎性発達障害、学習障害、注意欠陥多動性障害その他これに類する脳機能の障害であってその症状が通常低年齢において発現するもの（後略）」とあります。

つまり、発達障害の症状のあらわれは、本人の努力が足りないからではなく、「脳機能の障害」によって、周囲から期待されるような行動がとれないということです。発達障害の特性が原因で、社会的に不適応な行動をする可能性もありますので、周囲は切れ目なく支援を行う視点をもつことが大切です。

本書では、発達障害の人への対応法だけでなく、発達障害の診断はつかないけれどその傾向をもっている、いわゆる〝グレーゾーン〟と呼ばれる人への対応の工夫を紹介していきたいと思います。そのための基本的な知識として、次項では、「発達障害者支援法」に明記されている「発達障害」について紹介します。

「発達障害」は、大きく三つにわけられます。一つめは、「自閉症スペクトラム障害」です。主な特性は、コミュニケーションが苦手であったり、限局した興味やこだわりをもつことなどです。二つめは、落ちつきのなさが特性とされる「注意欠如・多動性障害」です。三つめは、一部の学習に障害が生じる「限局性学習障害」です。それぞれの特性を説明しましょう。

発達障害のタイプ

自閉症スペクトラム障害（ＡＳＤ：Autism Spectrum Disorder）

この障害での中核症状は、「社会的コミュニケーションのつまずき」と「限局した興味とこだわりの行動」といわれています。「社会性の特性」「コミュニケーションの特性」「想像力の特性」という三つの観点から説明されることがあります。

「社会性の特性」には、「常識やマナーが身についていない」「思い込みが激しい」「場の空気が読めない」などがあります。自分が発した言葉に対して相手がどう感じるかを想像することができないため、「なぜ太っているんですか？」と平気で聞いたりします。しかし、悪気はないので、相手が気分を害しても何が悪いかわからないまま、周囲から孤立していくことがあります。

「コミュニケーションの特性」には、「話の流れや文脈が理解できない」「たとえ話や曖昧な表現が苦手」「表情の変化が読み取れない」などがあります。たとえば、人の話を聞かずに一方的に話し続け、相手から迷惑に思われてしまうことがあります。

この他、自閉症スペクトラム障害（以下、ＡＳＤ）の人は、言葉を文字通りに受け取る

自閉症スペクトラム障害（ASD）：アメリカ精神医学会が編纂した「精神疾患の診断・統計マニュアル 第４版（DSM- Ⅳ : Diagnostic and Statistical Manual of Mental Disorders)」では、1994 年まで「広汎性発達障害」と記載されていたが、第５版 (2012 年改訂) で、現在の名称「自閉症スペクトラム障害」に変更。

傾向がありますので、冗談や皮肉が通じないことがあります。

「想像力の特性」には、「気持ちの切り替えができない」「規則やルールにこだわる」「予定が変わることが苦手」などがあります。ルールにこだわる特性が前面に出て、周囲から完璧主義に見られる人もいます、変化を極端に嫌がり、同じパターンだと安心し、急な予定変更や想定外の出来事に遭遇すると、パニックを起こすという人もいます。

ＡＳＤの人は、こだわりが強く融通がきかない人だと思われるかもしれません。１人で黙々と作業をするのは得意なのですが、チームで作業を行うことが苦手です。周囲と歩調を合わせず、自分が良いと思ったことを独断で進め、他のメンバーから責められることもあります。

しかし、ＡＳＤの人はチームの目標を理解したり、それを踏まえて自分がどのような役割を果たせばよいかという最初の理解が不足している場合があるのです。

周囲の人には、本人がチームの業務をどこまで共通認識できているかを、できるだけ初期段階で確認することをお勧めします。興味や関心が仕事に向くと実力を発揮することもあります。強みが出た場合と弱みが出た場合では、人が違ったように見えることも特徴です。

注意欠如・多動性障害（ADHD：Attention-Deficit / Hyperactivity Disorder）

「注意欠如」「多動性」「衝動性」などが現れます。

「注意欠如」の特性は、「仕事で頻回にミスをする」「机の上が散らかっている」「忘れ物が多い」などがあります。ときには約束をしたこと自体を忘れるため、信用問題に発展することもあります。

「多動性」の特性には、「そわそわして落ち着かない」「じっと座っていられない」「気が散りやすくて物事に集中できない」などがあります。このため、落ちつきがなく、いつもイライラしている人に見えます。

「衝動性」の特性は、「思ったことを口にする」「人の会話に割り込む」「勢いで後先考えずに行動する」などがあり、仕事をやりたくないと思ったらそのまま発言してしまうため、周囲の士気を下げることがあります。

うっかりミスは誰にでもありますが、注意欠如・多動性障害（以下、ＡＤＨＤ）の人の場合は、自己の努力不足によるものではありません。ＡＤＨＤの人は努力していても、脳の機能の特性で、良い結果が出せないことが多く、「がんばってもできなかった」という挫折体験が重なりやすいのです。

職場への適応の努力が実を結びにくいしんどさ。ＡＤＨＤの人が、このような状況にあることを周囲の人は理解してあげてください。

限局性学習障害（SLD：Specific Learning Disability）

限局性学習障害（以下、ＳＬＤ）とは、知的な問題がないにもかかわらず、「読んでいるものの意味を理解すること（「読み」）の困難さ」「書字表出（「書き」）の困難さ」「数字の概念、数値、または計算を習得すること（「算数」）の困難さ」などの一部に困難が生じていることです。

「読み」がうまくいかないと、単語をまとまりで読めないため、一字ずつ読んだり、小さい「っ」や「しゃ」などの発音がうまくできなかったりします。

「書き」がうまくいかないと、漢字を正しく覚えられず、左右反転したいわゆる鏡文字になったり、文字の大きさがバラバラで罫線からはみ出したりします。

「算数」がうまくいかないと、九九が覚えられなかったり、ひっ算のくり上がりができなかったりします。

ＳＬＤの人には、苦手なことを克服するために時間を費やすよりも、書くことはパソコ

発達障害のタイプと主な特性のまとめ

自閉症スペクトラム障害 （ASD： Autism Spectrum Disorder）	●自分の言いたいことを一方的に話す傾向がある ●規則やルール、生活パターンにこだわる ●自分の興味・関心が狭く、かたよりがある ●相手との適切な距離感がよくわからない ●たとえ話や曖昧な表現が理解できない ●臨機応変に対応することが苦手である ●気持ちの切り替えがうまくできない
注意欠如・多動性障害 （ADHD： Attention-Deficit / Hyperactivity Disorder）	●注意力が散漫で物事に集中できない ●落ちつきがなく、ソワソワしやすい ●思いつきで行動してしまう ●物をなくしたり、忘れ物が多い ●整理整頓が苦手である
限局性学習障害 （SLD： Specific Learning Disability）	●文字を読むのが苦手で、単語をまとまりで読めず、単語を一文字ずつ読む ●文章のどこを読んでいるかわからなくなり、行を飛ばしてしまう ●文字を書くのが苦手で、漢字が鏡文字になったり、左右が逆になる ●文字の大きさや形がバラバラで、罫線から出てしまう ●計算が苦手で、九九が覚えられない

ン、計算は電卓を使うなど、苦手な作業は補完する機器を使うほうが得策です。

発達障害の特性

特性のあらわれ方は個人差や環境によって異なる

発達障害の特性は、本人にとってよい環境か悪い環境かで、そのあらわれ方に違いが出るといわれています。また、前項で説明したように、ASD、ADHD、SLDの人では、それぞれあらわれ方が異なります。

たとえば、職場で長時間の会議を行ったとします。ASDの人は、場の空気が読めず、質問と違う答えを発言するかもしれません。ADHDの人は、椅子にじっと座っていることが苦手なため、歩きまわりたくなるかもしれません。SLDの人は、会議資料を読み解くことに苦労する可能性があります。

この場合、本人にとってよい環境とは、たとえば、ASDの人は、今、会議で何が話されているかを隣の人が解説してくれたら、適切な発言ができるようになる可能性がありま す。ADHDの人は、休憩時間を細切れに取れれば長い会議でも耐えられるかもしれません。SLDの人の場合は、会議資料が箇条書きにしてあると理解しやすいかもしれません。

よく寄せられる疑問

会社で働いていて、仕事がうまくいかなくて困っている人のなかには、発達障害の特性をもっていると思われる人がいます。ここでは、よく寄せられる疑問とアドバイスの例を紹介します。対応方法を考えるうえでヒントになるかもしれません。

Q 自分がその日やるべき仕事を決めていたところに、別件で至急処理しなければならない仕事が入ると、頭の中を切り替えることができません。どうしたらよいですか？

A ＡＳＤの人に多くみられる特性です。ルールやパターンにこだわり、それが変更になると混乱することがあります。スケジュールの変更がある場合には、早めに教えてもらうようにしましょう。場合によっては、その日のスケジュールをどう変更するのがよいか、管理職と一緒に考えてもらうことも一つの方法です。

Q 私は整理整頓が苦手です。職場の机の上には物があふれ、いつも注意されています。

A ＡＤＨＤの人に見られやすい特性です。物をあったところに戻すことができていません。机の引き出しの中に、消しゴム、ホッチキス、定規などの絵を描いたラベルを作って貼り、そのラベルの上を定位置として、使うたびに定位置に戻すようにすると片付けがうまくいくと思います。

Q 私はマニュアルがないものに対して、どう対応したらよいかわかりません。

A 発達障害の人は、マニュアルがあるものには上手に対応できますが、そうでないものは極端に苦手とする傾向があります。困ったときは、周囲の人に協力を求めることが有効です。一番話しやすい先輩を見つけ、困った出来事が起こるたびに相談をしましょう。ただし先輩も忙しいでしょうから、先輩に教えてもらったことをメモして、それを自分のマニュアルに加え、できることを増やしていきましょう。

発達障害のあらわれは、良心や知能とは関係がない

発達障害の人は、脳の機能にアンバランスさがありますが、これは良心や知能には直接関係がないとされています。

ときには、強いこだわりによって自分の主張を曲げないため、周囲の人に共感されにくい面があります。また、高度な知識をもつにもかかわらず、コミュニケーションでは相手の気持ちを察することができないなど、できることとできないことの差が大きいところがあります。

たとえば、職場で経理の仕事を得意としていますが、部長が言った冗談には、他の全員がわかっているのに自分だけわからないことなどがあり、急に孤独を感じるかもしれません。学生時代であれば、周囲の人とのコミュニケーションを少なめにして、冗談を言う場面に居合わせなければ孤独を感じずに済みましたが、職場に入るとそうもいきません。自分が苦手なことに直面する場面も増えます。

ときには、その冗談をめぐって被害的になったり、急に怒り出すことがあるかもしれませんが、本人には決して悪気があるわけではなく、冗談が理解できなかっただけですので周囲の人は「特性」としてみてあげてください。

どんなことがトラブルとなるのか？

職場での、発達障害の人の困り感

筆者が相談を受けるなかで、発達障害の傾向がある人が職場で一番困っていると感じたのは、仕事で怒られることの多さです。

たとえば、上司が求めている企画書と本人が提出した企画書の内容が大きく違っていて怒られたとします。これは、上司が求めている要素を推測する力が弱かったために起こった問題です。多くの職場では「何をやっているの！」というような漠然とした言葉で怒られることがあると思います。しかしこれでは、発達障害の人は何が悪いのかわからないまま困ってしまいます。そこで指摘をする際は、個数や方法などできるだけ具体的に言ってあげることで、発達障害の人の困り感も軽減することと思います。

職場での、同僚・上司の困り感

発達障害の人が、言葉や周囲から求められていることを読み違いするたびに、同僚や上司も対応に困ることでしょう。

たとえば、会議で目標を決め、仕事内容を共通認識し、役割分担を決めたにもかかわらず、発達障害の人が1人だけ勘違いをして仕事をしなかったり、逆に、本人の思い込みで間違ったまま、仕事を進めてしまうことがあります。

同僚や上司の困り感の一つは、発達障害の人の思い込みによる行動に対してフォローが必要なことです。また、本人の行動を正そうとすればするほど、互いに感情的になり、相当なエネルギーを消費することもあります。そして、本人のプライドが高いと素直な気持ちで指導を受けないため、逆に周囲が疲弊することなどがあげられます。

発達障害の人が難しいと感じていることを知る

日本語の難しさの一つに、「きかん（期間、季刊、気管、帰還、機関など）」「さんか（参加、傘下、産科、賛歌、酸化など）」などのように同音異義語が多いことがあげられます。また、日本文化におけるコミュニケーションの特徴として、言葉の裏の意味を読まなければいけない場面も多く、とても複雑です。

発達障害の人は、一つの言葉に対して一つの意味を思い浮かべます。今まで受けた相談の中では、職場で上司から「次の音楽イベントの企画をねるために、関係資料を調べておいてください」と言われ、一晩かけて「寝る」ための資料、つまり睡眠に関する資料を持って行ったら笑われて恥をかいたという人がいます。

通常ならば、前後の文脈から企画を「練る」のだと思いますが、発達障害の人にとっては会議の中で話されている言葉を頭の中で「練る」と漢字に変換しながら聞くことは、たいへんな作業なのです。

また、周囲の人が冗談のつもりで言った言葉をそのまま受け取めて、過度に驚いたり、悩んだりするなどで、結果的にトラブルが発生することもあります。

しかし、相互の理解と訓練、環境整備などによって、発達障害の人との関係性を改善したり、問題を解決したり、克服していくことは可能です。

言葉の意味ならば、職場で実際に使われた話を例題にして、そこで使われた言葉（漢字）を組み合わせて覚えておけば、次に、同じ会話がされたときに、適正な漢字や意味を思い浮かべることができる可能性は高くなります。

トラブルの原因が発達障害によるものなら解決できる

発達障害の人の多くはまじめなタイプです。一所懸命やっているにもかかわらず、周囲とうまく噛み合わず、悩んでいる人がたくさんいます。悪意があるわけではないので、周囲の人の理解と適切な対応があれば、職場で起きるトラブルは克服できると筆者は考えます。

たとえば、発達障害の人は、自分なりのルールをもっている人が多いものです。「上司の言うことはきちんと聞かなければいけない」と思っている人は、同僚のアドバイスよりも上司のアドバイスを優先します。このような人への対応は、アドバイスをする人物を上司に一本化することがお勧めです。

マニュアルに従って行動する人に対しては、トラブルが発生するたびに、会社としての方針や適応行動を具体的に示し、それを本人のマニュアルに追加してもらいましょう。この際、追加項目に関する理由や説明は、あまり熱心になったりしつこくせず、シンプルに伝えるほうがうまくいきます。

また、会議でよく出る「こんな感じ」が想像できずにいる場合は、周囲の人がなるべく具体的に紙に書くなどして状況を説明すれば、発達障害の人はイメージできるようになり、困り感も軽減していきます。

発達障害の特性の表面化は、職場環境とのマッチングの良し悪しによるところがあります。発達障害があっても、得意な仕事だけをしていたら、ストレスもなく、大きなトラブルになる機会は少ないでしょう。逆に、苦手な仕事や環境が重なると、その状況に不適応を起こして発達障害の特性が強くあらわれる可能性が高くなります。

発達障害の人は、得意なことと苦手なことの差が大きいのです。これを「凸凹《デコボコ》さ」と呼んでいます。周囲の人にはわかりにくいものですが、この「凸凹さ」への対応こそがトラブル解決の鍵だと考えます。

周囲の人による支援が、会社内で日常的に行われるようになれば、トラブルは減っていくと思います。

第2章

発達障害の特性が職場であらわれるとどうなるか？

職場では、仕事の優先順位を決めて段取りをつけたり、急な仕事に対応したりするなど、さまざま状況判断と対応力が必要になります。

また、比較的自由に過ごせていた学生時代と異なり、出社時刻や会議など、時間を厳守する機会も増えます。このような状況のなかで、環境や人間関係などのストレスによって、発達障害の特性が大きく出現することがあります。

ここでは、発達障害の特性があらわれるケースと、発達障害が原因になりがちなトラブルを事例で紹介します。

発達障害を理解するためのキーワード

発達障害のことをより深く理解するためのキーワードを紹介しましょう。これを知っておくと、発達障害の人の一見わかりにくい行動の意味が理解でき、周囲の人はイライラする機会が減少するのではないでしょうか。また、キーワードに由来した行動が見られる場合は、その特性に応じた対応を行うとトラブルを減らすことができるでしょう。

ワーキングメモリの特性

コミュニケーションを行うときに活躍する記憶の機能としてワーキングメモリがあります。

ワーキングメモリとは、「作業の最中に一時的に情報を記憶し保持する能力」のことです。それと同時に、保持した記憶を選択し、処理する能力も含まれます。

たとえば、あなたが「毎日、暑い日が続きますね」と話しかけられたとします。するとワーキングメモリに「毎日の暑さ（気温）を聞かれた」と一時的に記憶し、どう返答しようかを考えます。このとき、話しかけられた内容の記憶があるから、「本当に暑いですね。

バテそうです」と適切な返事ができます。

しかし、ワーキングメモリが機能していないと、「私はいちごが好きです」というような場違いで意味不明な返事をする可能性があるのです。

ワーキングメモリの容量には限界があります。ワーキングメモリが強い人と弱い人がいて、あまり多くのことを記憶しようとすると端から忘れていきます。このワーキングメモリは、記憶の取捨選択も行います。

たとえば、インターネットの情報を見ながら会議資料を作っている最中に、お気に入りのアニメの情報を見つけてしまった場合、強いワーキングメモリを持つ人は「今は会議の資料が第一なのでアニメは関係ない」と情報の選択を行って、今やるべき仕事に集中します。

しかし、ワーキングメモリが弱いと、何をするためにインターネットを見ていたかの記憶が曖昧になっていき、興味のあるアニメのほうに熱中してしまう可能性があります。

発達障害の人の中には、ワーキングメモリに問題を抱えている人がいるといわれています。相手との会話がとんちんかんになりやすいとしたら、それは、会話の一時記憶がうまくいっていないからかもしれません。

この他、複数の作業を同時に行うときにも、ワーキングメモリを必要とします。臨機応変に仕事をこなしていくためには、ワーキングメモリがうまく機能することが大切です。

注意力

注意力とは、「ある一つの事柄に気持ちを集中させる能力」です。注意欠如・多動性障害（以下、ＡＤＨＤ）の人の中には、一つの事柄に気持ちを集中させることが苦手で、不注意が多くなったり、注意力が散漫な人がいます。主に、次のような行動の特性があります。

■忘れ物が多い
■物をよくなくす
■約束を忘れる
■何かをやりかけたまま、ほったらかしにする
■片付けや整理整頓が苦手である
■話を聞いていないように見える

多動性・衝動性

多動性は「落ちつきがなく動き回ること」、衝動性は「突飛な行動を取ること」とされ、ADHDの人は自分の衝動をコントロールできない場合があります。主に、次のような行動の特性があります。

■落ちつきがなくソワソワする
■じっとしていられず、体の一部を常に動かしている
■一方的に話に入ってくる
■思いつきで行動する
■順番が待てない

社会性

社会性とは、「他者と関係を築くために必要な能力」です。自閉症スペクトラム障害（以下、ASD）の人は、社会マナーや暗黙のルールがわからないなど、対人関係を築く上で必要なスキルを身に付けることが困難な面があります。主に、次のような行動の特性があります。

■場の空気を読むことができない

■思い込みが激しい
■相手との適度な距離感がわからない
■人に合わせた行動が苦手

コミュニケーションの特性

コミュニケーションとは、「会話を通して自分の意思を伝える能力」になります。ASDの人は他者との会話が成立しにくかったり、表情や場の雰囲気が読みづらい面があります。主に、次のような行動の特性があります。

■お世辞や冗談、皮肉などが通じない
■たとえ話が理解できない
■言葉の使い方やイントネーションが独特である
■相手がどう思っているか気にせず、一方的に話す

こだわりの特性

こだわりが強い状態とは、「自分の関心があるものに対して執着している状態」です。

ＡＳＤの人は、変化を極端に嫌がります。規則やルール、生活パターン、ときには食事のメニューにもこだわる場合があります。こだわりの強さは、変化への不安が大きいことが理由と考えられます。主に、次のような行動の特性があります。

■いつも通っている道路が工事中で通れなくても迂回するという考えにならない
■予定を決めると急な変更が受け入れられない
■興味の対象が限定的で、興味がないものには関心を示さない

想像力の特性

想像力とは、「他者の心を想像する能力」のことです。ＡＳＤの人は、想像力がうまく機能しない分、柔軟な対応ができないため、こだわりが強く見えることがあります。主に、次のような行動の特性があります。

■決められた生活パターン通りに進まないと気が済まない
■例外を認めず妥協ができない
■気持ちの切り換えが苦手
■融通がきかない

発達障害の特性によるトラブル

これから紹介する事例は、筆者が実際に相談を受けたトラブルを、個人が特定できないように加工しています。それぞれの会社の職場環境ゆえに表面化した発達障害の特性、そのとき考えられたベストなアドバイスや対応方法、そして、実際にそれを行った結果を紹介します。

相談事例　想像力が働かず「こんな感じ」というイメージが共有できない

同僚（20代　男性）のことで相談します。私の仕事は設計で、現在4人でチームを組んでいます。先日、顧客との会議で、「こんな感じで」「前に作ったものを、今回のものに加えて」という要望が出ました。チームのメンバーはそれぞれ頷いていましたが、同僚の男性は「こんな感じ」が全くイメージできないようです。

帰社後、上司が仕事の分担を指示したものの、彼は、完成図が具体的に頭に浮かばないようで、何をしたらよいかわからない様子です。

また彼は、見積書を作成する際、過去に全く同じ内容のデータがあれば、すぐに作成できますが、少しでも違う要素が含まれていると、新しい見積書だと認識して一から考え直すので、取引先から見積書の提出が遅いと苦情がきています。

チームのメンバーも、彼とは組めないと私に言ってくるので困っています。

解説

〝トラブル〟と〝障害の特性の関係〟を一般的な形に直して解説しましょう。想像力がうまく働かないということは、自閉症スペクトラム障害（以下、ＡＳＤ）の人にしばしばみられます。これは、「想像力の特性」といわれ、ＡＳＤの人の脳の機能不全による場合があります。

他のメンバーは、会議中に使われた「こんな感じ」という言葉が示す完成図を頭の中で具体的にイメージしていますが、彼だけは完成図がイメージできていません。わけがわからず不安な気持ちでその場にいたことでしょう。

このような場合は、会議終了後に、周囲の人から彼に完成図のイメージをメモで手渡し、メモを見ながら会議で話されていた内容を改めて解説してあげてください。ＡＳＤの傾向がある人でも、完成図があれば理解できることが多くなります。

結果

最初はチームのメンバーの1人が、ＡＳＤの彼を排除しようと考えていたようです。しかし、そういうわけにいかないのが職場です。

まず、「こんな感じ」については、同僚から彼に、具体的な完成図のメモを手渡すことにしました。また、会議終了後は、毎回、会議内容をチームのメンバーが彼に解説することにしました。解説は、メンバーが交代制で、彼と一対一で行います。これを実践するうちに相互のコミュニケーション力が上がり、改めて会議内容を全員で共有できるようになりました。

また、彼が見積書作成に時間がかかり過ぎていたという問題については、過去の見積書を集めて、類似した内容ごとにデータベースを作成し、その中から数字を組み合わせて仮見積書を作り、上司に修正してもらうという流れを決めたことでスピードアップが図られました。

さらに副産物として、メンバー各自がＡＳＤに対する理解を深めようとしたことがすばらしいと思います。結果的にチームの団結が高まり、仕事の効率も上がったように感じます。

相談事例

その場にふさわしいあいさつができない

私が勤務している会社は住宅機器メーカーで、職場は製造工場です。部下（30代 女性）のことで相談をします。愛嬌があって職場でも可愛がられている女性です。しかし、ときどき突拍子もないことをするので驚かされます。

先日、彼女は「みんなに元気に働いて欲しいと思っているから」という理由で、突然、朝、出会った人すべてに「おっす」と声をかけるようになりました。先輩から、「そのあいさつはおかしいよ」と注意されたそうですが、「おっす」と返してくれる社員もいるようで、彼女は別にかまわないと思っています。

私としては、職場の朝のあいさつの言葉に「おっす」は好ましくないと思い、彼女に何度か注意をしましたが、行動を改める様子はありません。どのように注意したらよいでしょうか。

解説

ＡＳＤの人にしばしばみられることですが、社会通念としてふさわしいかどうかに意識が向いていない面があるようです。彼女は、みんなが元気に働いて欲しいと思い、前向きな気持ちから「おっす」と発したのかもしれませんが、会社は社会人の集まりですので、多くの人と共有しやすい社会常識に合った行動を取ってもらうことが望ましいでしょう。

彼女は「おっす」と元気よく声をかけることがよいと思っているのでしょう。しかしたとえば「おはようございます」と言ったとしても、周囲の人は十分に元気になることを理解してもらいましょう。

ＡＳＤの人への対応として、「そのあいさつはよくないですよ」というような否定から入ると、本人のプライドが傷つき、トラブルになることがあります。みんなに元気に働いて欲しいという彼女の前向きな気持ちは汲むようにしましょう。

たとえば、彼女に役割として〝あいさつ当番〟を任命して、その際、元気に「おはようございます」と声をかけることを習慣化してもらうと一石二鳥ではないでしょうか。

結果

この会社では、安全衛生月間に、担当者が正門に立ち、毎朝、あいさつすることになっていました。その〝あいさつ当番〟の役割を彼女に任命しました。その際に使うあいさつの言葉は、「おはようございます」のみにするように限定しました。

彼女はあいさつ当番になったことを誇りに感じ、朝、出会ったすべての人に、張りきって「おはようございます」と元気よく声をかけました。会社内では、彼女の元気のよいあいさつが評判となり、本人も自信がついたようです。

彼女の気持ちを肯定し、会社として有効活用できる役割を提供できた点がよかったと思います。

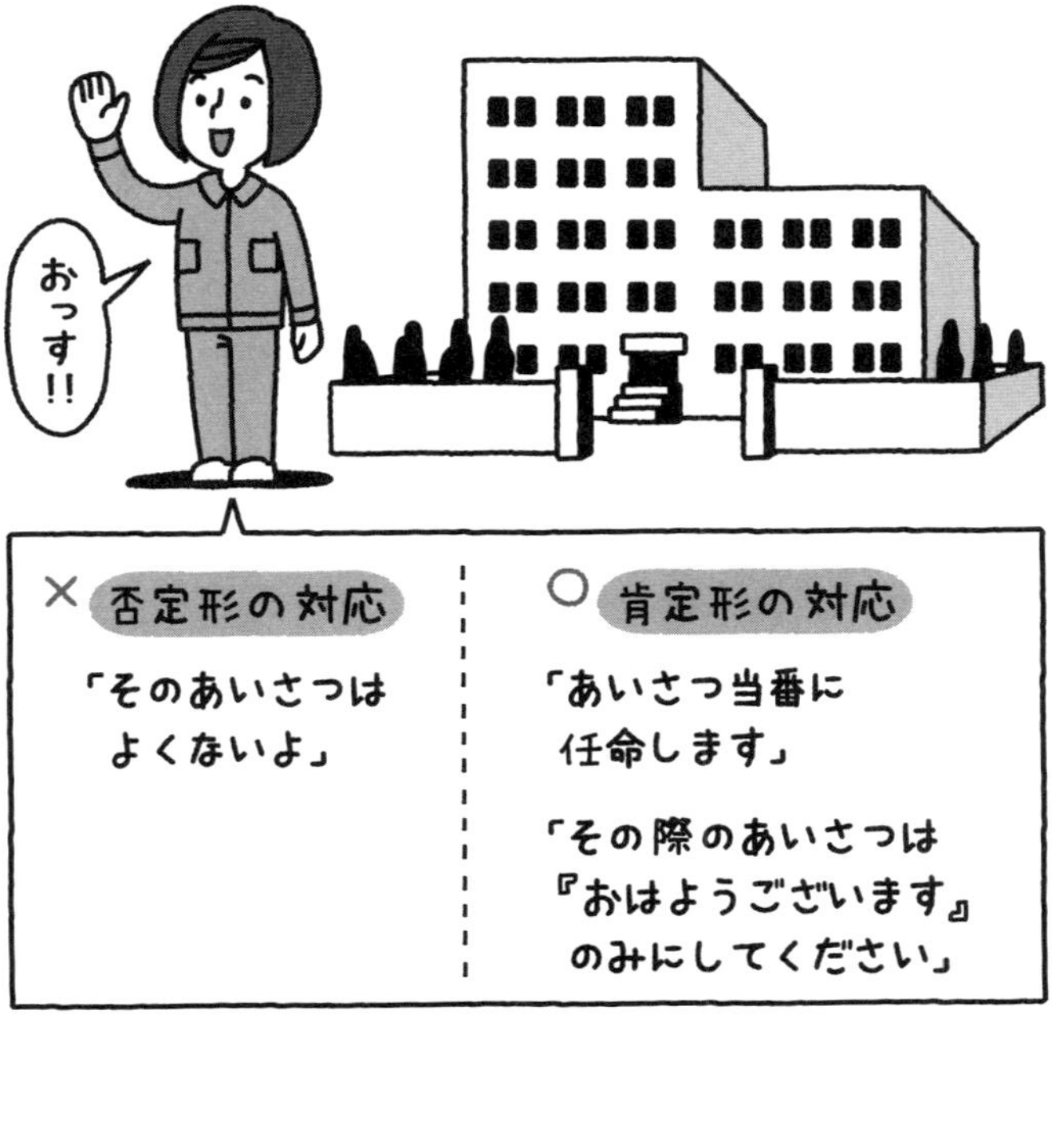

相談事例

早合点、聞き漏らしを繰り返し、何度も同じミスをする

私は喫茶店で店長として働いています。当店の従業員（20代　女性）について相談します。彼女は注意力がなく、焦ると注文間違いが増えるので困っています。

たとえば、コーヒーを3つ、オレンジジュースを2つ、グレープフルーツジュース1つという注文があったとします。お客様が少ないときは注文を間違えませんが、混雑すると焦って頭が真っ白になるようで、コーヒー3つとオレンジジュース3つを運び、お客様から間違いを指摘されました。しかし、彼女は「あ、そうでした」などと言うだけで、私が注意しても何度も同じミスを繰り返します。

解説

注意力が持続しないのは注意欠如・多動性障害（以下、ＡＤＨＤ）の傾向があるからかもしれません。焦るたびに頭がまっ白になって注文を聞き間違えるというように、同じ状況に遭遇するとミスを繰り返すのは、発達障害を理解するためのキーワードでも紹介した「ワーキングメモリ」がうまく機能していないのかもしれません。注文を間違ってはいけないという気持ちや、お客様のイライラしている表情などがさらなるプレッシャーとなり、

過緊張からワーキングメモリの機能がよりうまく働かなくなることはあるようです。

この場合、彼女を厳しく注意しても、注文を間違えなくなる可能性は低いと思いますので、別の方法を考えましょう。

たとえば、注文を受ける際に、お客様とメニューの料理の写真や文字を指さしながら注文を確認し、注文票を記入させるようにしましょう。お客様の顔を見る機会が少なくて済みますし、注文を間違えなくなると思います。

結果

店長は、彼女の努力が足りないわけではないことがわかったので、彼女がお客様から注文を受けるときはメニューを指さしてもらうよう指示しました。小さな店で、常連が多いことも幸いして、この聞き方は、彼女の個性としてお客様に受け入れられるようになりました。最近では、お客様のほうからメニューを指さして注文してくれる人も増え、注文間違いも減りました。

このように、お客様にメニューを指さしてもらう方法は視覚情報になります。ＡＤＨＤの傾向がある人の場合、注文を耳で聞く聴覚情報だけよりも、視覚情報が追加されることで情報の把握がより正確になりますので、よい方法だと思います。

相談事例

持ち物チェックをしても、大切な物を忘れて営業に行く部下

営業を担当している部下（30代　女性）のことで相談します。顧客のところへ商談に行くときに、数日かけて作ったはずの見積書や資料を頻繁に忘れます。しかも、先方の会社に着いてから忘れ物に気がつくので、現場の雰囲気が悪くなり、そのために商談がうまくいかなかったこともあります。

彼女に聞くと、前日に持ち物リストをチェックしながら完璧に準備したと言います。確かにチェックはしているようですが、なぜか大切な物をよく忘れます。

解説

チェックリストを使って準備をしているにもかかわらず忘れ物を繰り返すのは、ADHDの特性によって、チェック自体が正確にできていなかったり、見落としが多かったりすることが原因だと考えられます。

彼女が確認したチェックリストを、再度、上司などの他者がダブルチェックして、何が問題か一緒に考えると、より詳しい原因が確かめられるでしょう。とくに、大切な商談の前日は、持っていく物の確認を同僚に必ず手伝ってもらうようにしましょう。

結果

上司がダブルチェックしたところ、彼女のチェックリストにはチェックが入っていても、カバンに入っていないものが2つも見つかったそうです。どうしてこのようなことになるのか一緒に考えてみましたが、彼女に聞いても自覚がないようで、明確な答えは示されませんでした。

これ以降も、数ヵ月間は上司か同僚がダブルチェックする体制を続けて、チェックミスがなくなった段階で彼女が単独でチェックする方法に切り替える予定です。

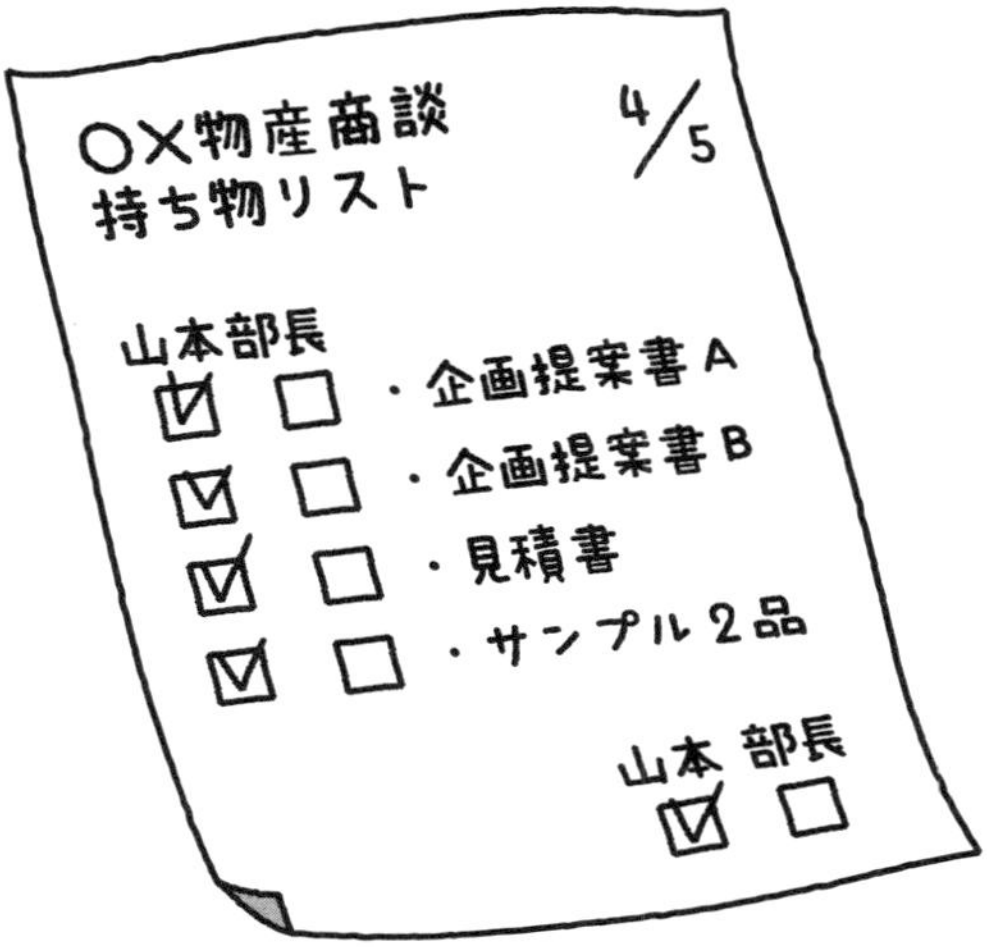

相談事例

カバンの中身がごちゃごちゃで片付けができない同僚

物を片付けることができない同僚の女性（20代　女性）のことで相談があります。私たちは交代勤務のある会社で仕事をしています。朝、仕事場に着くと、夜勤明けの彼女の荷物が、事務所に散乱していて唖然としてしまいます。彼女に片付けるよう促すと、整理せずとりあえず端から鞄に詰め込むのみです。ですからいつも大荷物です。先日、事務所の鍵がないことに気づいて聞いたところ、彼女は「私が間違えてカバンに入れたかもしれません」と言い、再度カバンの中身を全部出して確認を始めました。結局、鍵は別のところから出てきましたが、周囲の人は彼女の荷物の多さに呆れています。どのように指導したらよいでしょうか。

解説

片付けができないのは、ADHDの人にしばしばみられることです。大切な物とそうでない物の区別がつかないため、大きいカバンに不要なものまで入れて持ち歩く人もいます。自分でも、どう改善したらよいかわからないところが難点です。

このような場合は、周囲の人が一つずつ、片づけ方を指示しましょう。たとえば、カバンの中のゴミは捨て、複数のポーチを用意し、「貴重品」などのラベルをつけ、使い終わったものは、それぞれもとのポーチに入れる習慣をつけるなど具体的に伝えましょう。

結果

彼女はポーチを４つ買い、それぞれのポーチに「貴重品」「文房具」「化粧品」「その他」と書いたシールを貼って分類しました。また、カバンの中のゴミを、一週間に一度、捨てることもルーティン化され、以前よりは事務所を散らかすことが減りました。

彼女の荷物は相変わらず多いのですが、ポーチによる分類は成功していて、ポーチから出した物は同じポーチに戻す、というルールは守られています。

ただし、ＡＤＨＤの傾向がある人は、このルールを忘れてしまうことがあるので、同僚がときどきチェックをしてあげてください。

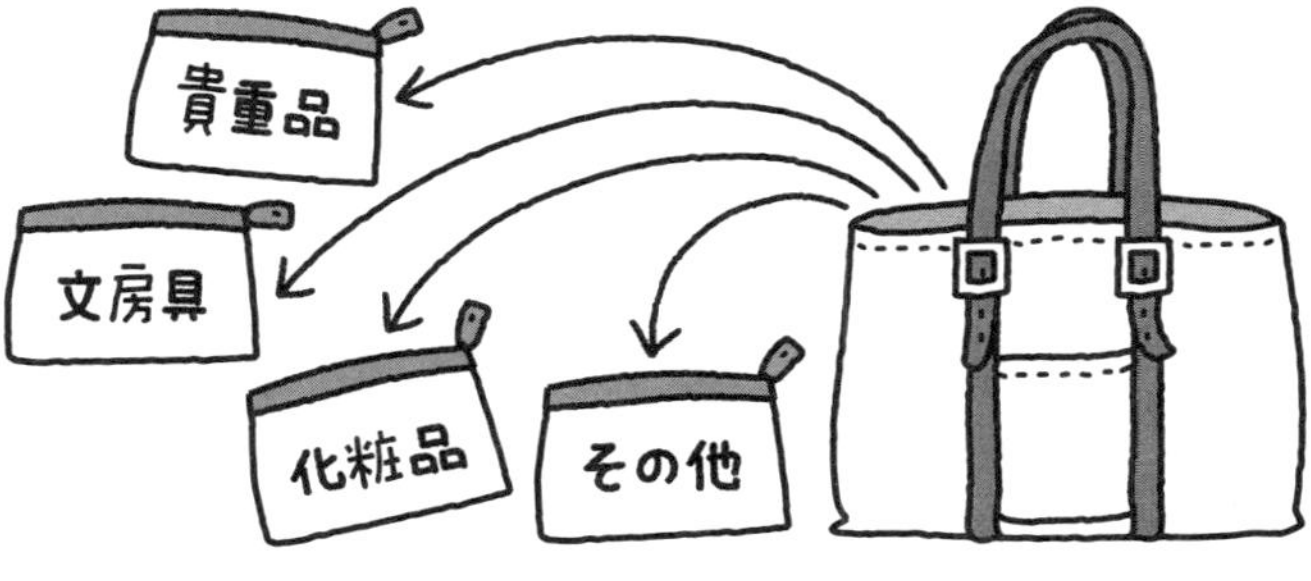

相談事例

会社員としてするべきことの優先順位が違っている

私は、営業課の課長です。部下（20代　男性）のことで相談があります。彼は、その日の夜の野球観戦に行くことを楽しみにしていました。チケットもよい席が取れているようです。

問題はここからです。彼は14時から社内会議があることがわかっているにもかかわらず、会議に来なかったので、連絡してみたところ、「本日17時までに提出する企画書がまだできていないので、それをやっています」と悪びれた様子もなく言いました。

私が、すぐ会議に参加するよう指示すると、彼は「野球に遅れると困るので、会議に出ずに企画書を作成してはいけませんか？」と勝手なことを言うのでついに怒鳴ってしまいました。彼の言動はわがままだと思うのです。どのような指導をしたらよいでしょうか。

解説

彼は社会人としての優先順位がわかっていないのだと思います。このような行動をする人には二つのタイプがいます。身勝手で未熟な青年のタイプと、ＡＳＤの傾向があって、自分の興味や都合を優先させるタイプです。

前者であれば、しっかり注意をすればよいと思いますが、後者の場合は、強く注意をするとパワハラと誤解されやすいので工夫が必要です。後者の思考は、自分の興味があることならば、仕事より優先してもよいと勝手に順位付けしているのです。

まず、未熟でわがままなのか、ＡＳＤによって優先順位が間違っているのかを確認しましょう。もしも優先順位を間違えている場合は、趣味の野球観戦よりも仕事を優先すべきであることを説明し、順位を入れ替えるように伝えましょう。

結果

まず、彼の優先順位のつけ方を把握する必要があると思い、会議の出席が後回しになる理由を確認しました。すると彼は、「先日の会議で、社長がワークライフバランスを大切にするよう言っていたので、野球観戦を優先しようと思いました」と言いました。

彼は、会社のトップに位置する社長の言うことが最優先であると思ったのでしょう。ＡＳＤの傾向がある人の中には、自分の中で権限が一番上の人の話を優先することをルール化している場合があります。このような人には、仕事をおろそかにしてまでプライベートを優先させるのではなく、やるべき仕事を済ませたうえでプライベートを充実させるのだという優先順位の付け方を伝え、会社のルールとして覚えてもらうようにしましょう。

相談事例　資料集めにのめり込み、社内会議に遅刻する

私は、課長として総務課を管理しています。こだわりの強い部下（30代　男性）の存在に困っています。

その日は10時から社内会議がありました。彼は、17時までに提出する企画書に9時から取りかかりました。インターネットで資料となる記事を集めていますが、本人は納得できる記事が見つからずに焦っています。

会議の開始時刻の10時になってもパソコンの前から離れようとしないため、私は彼に会議室に行くよう指示をしました。それでも彼が立ち上がろうとしないため、別室で注意をしました。しかし、素直にいうことを聞いてくれません。どうしたらよいでしょうか。

解説

一つのことにのめり込むと、そこからすぐに抜け出すことができず、気持ちの切り替えが苦手なのですね。これは一般的に、ＡＳＤの人にみられる傾向です。

のめり込んでしまう状態から抜け出させるためには、まず、彼が会議に行こうとしない理由がわがままではなく、仕事としてインターネットでの資料集めにのめり込んでいたか

らであることを受け入れましょう。その上で、仕事をしていたからといって会議に遅刻してよい理由にはならないことを説明してください。

そして、本人にはのめり込みやすい性格であることを自覚してもらい、資料を集め始めた場合は、会議の15分前にアラームを鳴らし、トイレに行くなどの一連の行動をとることによって、会議に行く気持ちに切り替えていくことを学習させましょう。

結果

会議の15分前には、必ずアラームを鳴らすことにしました。また、アラームが鳴ったらトイレへ行ってもらうことにしました。するとトイレから戻ったら、そのまま会議室に行けるようになりました。パソコンから離れられなくなることが問題でしたので、アラームの音とともにトイレに行くと、自然にパソコンから離れることができ、次の行動に移せるようになりました。

ＡＳＤの人がのめり込んでいるものから気持ちを離すには、アラームを鳴らすなどの物理的な道具を使用することをお勧めします。今回の場合は、「アラームが鳴る」↓「トイレに行く」という2つの行為がセットになった点で、うまくいったのではないかと思います。

相談事例 毎年、同じ時期に商品発送の遅延ミスをしてしまう

私（40代　男性）は、営業職で入社して、17年めになります。性格は、まじめで杓子定規なところがあるかもしれません。一度決めた行動パターンを崩せないところがあり、上司からは「柔軟性がない」とよく言われます。しかし、自社商品に愛着があり、熱意をもって商談をするためか、営業成績はまずまずだと自負しています。

しかし、ときどき商品の納期の遅延を出して大きな問題になることがあり困っています。とくに連休やクリスマスなどの行事がある時期は、通常の時期よりも配達時間を要するのですが、それをうっかり忘れてしまい、発注が遅れ、納期が間に合わないことがあります。原因はわかっているのですが、数年に一度、同じような遅延を出してしまいます。

解説

彼がまじめで、一所懸命、日常業務に取り組んでいることは評価できます。しかし、年末、夏休み前後などの進行のように、ある時期だけ発生する状況になると、昨年のことを思い出しながら、今年の業務を行うことが必要なのですが、それができないようです。つまり〝通常と異なる場面での想像力に欠ける〟部分があるのでしょう。毎年、生じること

なので、学習できそうですが、想像力がうまく機能しない人の場合は意外と同じ失敗を繰り返すことがあります。

ASDの人は、スケジュール管理がしっかりできるときと、逆になぜこのような初歩的なミスをするのだろうかと思うときがあります。まずは、パソコンに数年先までの年間の配送スケジュールを入れ、毎年の連休前の発注日を○月○日と登録しておくことをお勧めします。

結果

今回の場合は、連休の渋滞予測など、前年のことを思い出しながら、今年の計画を立てるための想像力がうまく機能しなかったことが原因と思われます。例年、定例となっている進行の場合は、決め事にしてしまうことが有効です。

彼には、年間スケジュールを5年先までパソコンに入力してもらいました。そのスケジュールに沿って、連休前は通常の2週間前に商品を発注する予定を立ててもらったところ、遅延なく商品が届くようになり、3年が経過した現在まで順調です。

この方法がよいことがわかり、配送の遅延によるトラブルもなくなったため、彼は以前にも増して仕事を楽しんでいるそうです。

相談事例　完璧を目指すため、一つの仕事に時間がかかりすぎる

私の部下（30代　女性）のことで相談します。私の部署では、総務と経理を担当しています。部下の彼女は、以前は給与計算を担当していましたが、何度も金額を見直さなければ気が済まず、給与の支給が遅れて大問題となり、担当を変更しました。

現在は、社員の経費の支払いを担当していますが、ここでも仕事が遅いと各課から怒られています。

彼女は、お金を扱う仕事なのでミスがあってはいけないと思い、何度も数字の見直しを行っているようです。これまで計算を間違ったことがないので、もっと自信をもって早く処理をして欲しいのですが、どのように伝えたらよいでしょうか。

解説

数字へのこだわりが仕事を遅くしているようですね。ＡＳＤの傾向がある人の中には、完璧主義な人がいます。とくに、数字に関してこだわりが強く、間違わないという長所はありますが、仕事が遅いという短所のある人もいます。

まず、彼女の数字の見直し回数を減らしましょう。こだわって、数字の見直し回数を決

めている人がいます。数字の見直しが3回の場合は2回に減らしてもらうなど、本人のルールを修正してもらい、時間の短縮を目指しましょう。

結果

ＡＳＤの人の中には、強迫観念をもっている人がいます。たとえば、「数字の見直しは3回行わなければ間違うに違いない…」と思い込んでいることなどです。

時間短縮の目的で、彼女に数字の見直しを3回から2回に減らす提案をしました。しかし、彼女は「3回」という回数へのこだわりが強く、なかなか受け入れてもらえませんでした。仕方なく、上司からの業務命令として「見直しは2回までにしてください」と指示をしました。もちろん、総額がきちんと合っているかを経理に確認してもらっています。ＡＳＤの人の場合、他者からの確認行為が不安を軽減することがあるのです。

現在、彼女の見直しの回数を2回に減らしてから2年が経過しましたが、一度もミスはありません。

相談事例 **段取りがうまくいかなくなるとパニック状態になる**

我が社はメーカーで、1日の生産目標が決まっています。部下（20代　男性）には、製造ラインを担当させていました。

会社の機械が古く、調子が悪いとすぐ止まってしまうのが問題なのですが、この機械が止まると彼は自分の段取りが狂い、現場で軽いパニックを起こしてしまいます。

また、彼の製造ラインに、彼と相性が悪い同僚を応援に行かせてしまったところ、毎日イライラすることが増えていたようです。そしてある日、機械が止まったことを契機に腹を立ててパニックを起こし、なんと機械洗浄用の水を自分で頭からかぶってしまいました。

この事件の後、すぐに心療内科を受診させました。今後どうしたらよいでしょうか。

解説

心療内科を受診した結果、彼はＡＳＤと診断されました。ＡＳＤの人は、予定が狂うことに大きなストレスを感じます。そこに、相性の悪い人が自分の近くに来たことで二重のストレスとなり、セルフコントロールができなくなったのではないでしょうか。

医師からの助言の一つに、「彼のストレスを軽減するよう、職場での配慮を行う」ことがありました。ストレスの原因となるストレッサーの除外です。
まずは、人事担当者と相談しながら、相性の悪い同僚による応援は終了してもらいましょう。そのかわりに、機械のメンテナンスが得意な社員を応援者として派遣し、機械が止まってもすぐに復旧できるような体制を作ります。

結果

彼は、ＡＳＤと診断されましたが落ち込むことはなく、逆に気持ちが楽になったようです。これまで、仕事が思い通りにいかないのは自分の性格に問題があるからだと思っていたようですが、ＡＳＤの特性によるものだということがわかったので、悩むことをやめたのでしょう。現在は、困ったことがあると、周囲の人に助けを求めることができるようになり、逆にコミュニケーション力が上がっています。

また会社側は、医師の意見に従って、彼のストレッサーとなっていた要素の中で改善できることを実施しました。相性の悪い同僚ではなく、機械のメンテナンスが得意な人を彼の近くに配置しました。その結果、彼のストレッサーが軽減されて、精神的に安定しています。診断を受けて利点があったケースといえるでしょう。

相談事例　自分で決めたスケジュールを変更できず、遅刻を繰り返す

部下（40代　男性）の性格について相談します。彼には、1日の中で行うべきことの細かなルールがあります。

家を出る時間は7時45分、家を出るときには右足から出て、家の鍵がかかっていることを5回確認するそうです。通勤経路は、毎日同じルートです。

雨の日、彼は過去に何度か遅刻することがありました。上司の私から「雨の日は15分早く家を出るようにしましょう」とアドバイスをしましたが、「それはできません」と彼にきっぱり断られました。そして相変わらず、雨の日には遅刻を繰り返しています。

再三注意をしていますが、彼はどうしても自分のルールを変更できないようで、話をしていると徐々に顔が険しくなっていきます。どうすれば柔軟になってくれるでしょうか。

解説

ＡＳＤの人にしばしばみられる傾向です。一度決めた通勤のルールを変えることができないのは、強迫観念が働いているからかもしれません。それがある限り、彼が自分で決めたスケジュールを変更するのは難しいでしょう。上司が無理に通勤のルールを変更するの

もよくありません。慎重に対応しましょう。

まず彼に、「雨の日に遅刻しないで出社するためにはどうしたらよいか考えてください」と言ってみましょう。最初は拒否して「無理です」と言うかもしれませんが、「遅刻を減らすことも仕事の一貫ですよ」と理解を促して、アイデアを出すよう依頼しましょう。

結果

数日後、遅刻しないための通勤方法について、彼は「明日から天気に関係なく、毎朝、家を出る時間を15分早めて7時30分にします」と言ってきました。その後、彼は、家を出る時間を15分早くしたことで、雨の日でも遅刻することがなくなりました。晴れの日は、会社に少し早めに到着しますので、心なしか彼の表情に余裕が生まれたように思います。

今回は、上司が注意をした後に一度引き下がり、包容力をもって本人に考えさせたところがよかったと思います。このように、押したり引いたりのやり取りが、ＡＳＤの人を成長させるコツだと思います。

相談事例 気分の変動が激しい上司にストレスがたまる

上司の行動に困っているので相談させてください。私の課長（40代　女性）のことです。彼女は自分の興味がある仕事は一から十まで細かい指示を出してきます。

しかし、興味がない仕事は「適当にやっておいて」としか言いません。そのくせ私たちが失敗をすると執拗に叱責します。1日のうちでも興味があるものとないもの、気分のムラがあり、16時になると早退してしまうこともあります。その日のうちに課長の決済が必要なときに不在の場合も多く、困っています。

解説

課長は、興味があるものとないものの差が大きかったり、気分のムラがあって精神的に不安定なのでしょう。その状態が続いているとしたら、ご本人も辛い思いをしていることと思います。だからといって、部下に影響が出るのはよくありません。とくに部下としては、上長に「気分」のことで意見はしにくいでしょうからストレスがたまると思います。

まずは、困っている現状をそのさらに上長である部長に相談しましょう。職場のメンタルヘルス対策としては、職場で起こった問題は職場のライン上で解決するのが原則です。

また、課長の気分のムラが大きい原因の一つに、睡眠時間が不規則であることがわかりました。睡眠時間や質の安定は、気分に影響するので、部長から睡眠の時間や質を改善するようアドバイスしてもらうことをお勧めします。

結果

課長は、部長から興味や気分のムラを注意されて、最初は不満だったようですが、たび16時に退社していることが問題であるという自覚はあったようで、周囲との関係を考え直すよいきっかけになったそうです。また睡眠の状態が不安定なことは事実だったようで、現在、課長は自ら心療内科を受診して治療を受けています。最近は、課長の気分も安定して、早退することがなくなりました。

今回の件は、職場のメンタルヘルス対策の原則に従って、部長に相談し、部長がよい対応をとってくれました。

医療的な支援が必要な場合は、基本的に本人が困っている部分について受診を促すとよいと思います。今回は、受診したことで早期改善に繋がりました。

相談事例

アルコール依存で仕事に影響が出ている

私（50代　男性）はお酒が止められなくなって困っています。職場では、倉庫の管理を担当しています。昔からコミュニケーションがとても苦手で、極力、人と会話をしなくてもよい職場を選んできました。現在も仕事中に雑談をするのが苦痛です。

唯一の楽しみは、仕事が終わってから晩酌をすることで、ストレスが溜まっていると、お酒の量がついつい増えてしまいます。

毎日、缶ビールを３本、焼酎を３合飲むのが日課です。

最近では、仕事が休みの日は朝から飲むようになりました。月曜日の朝は起きられず、遅刻をしたり休むことが増えています。先日も主任から注意をされたのですが、お酒を止める気にはなれません。どうしたらよいでしょうか。

解説

雑談が極端に苦手な点は性格だと思いますが、一般的に、発達障害の二次障害としてアルコール依存症になるケースがあります。

毎日の飲酒量（缶ビール３本、焼酎３合）と月曜日の遅刻や欠勤など、すでに仕事に影響が出ていることをみると、アルコール依存症の可能性があり、治療が必要な状況だと思われます。病院を受診することをお勧めします。

結果

上司から相談を受け、産業医が面談をした際、彼は「自分はアルコール依存症ではないので病院へは行きません」と拒否したそうです。アルコール依存症は「否認の病気」ともいわれ、この拒否は産業医の想定内でした。次に、産業医は、遅刻や突然の欠勤は会社として迷惑であることを伝え、これが繰り返されるようであれば精神科を受診することを約束してもらいました。

その後、彼に無断欠勤があったため、精神科を受診してもらったところ、アルコール依存症と診断され、治療が始まりました。ＡＳＤの疑いもありましたが、それは医師による診断で否定されました。このように確定診断を受けることで、アルコール依存症への対応だけでよいことがわかったのはよかったと思います。

相談事例　同僚が私の愚痴を本気にして、課長に伝えてしまった

同僚（30代　女性）のことで相談します。私たちは事務職についています。

先日の昼休み、同僚三人で話をしていました。私が「うちの課長は仕事が遅いんです。先日も書類の準備が遅れて、相手の会社から私が注意されたんですよ」と愚痴を言いました。すると、彼女は突然立ち上がり、その課長のところへ行って、「もっと仕事を早くしてください」と抗議しました。

愚痴を言い合っていた私たちは、彼女の行動にびっくりしました。課長からは私たちのほうが怒られ、彼女には〝なんてことをしてくれたの〟という思いです。しかし、それを言っても通じないので困っています。どうしたらよいでしょうか。

解説

彼女は、みなさんが昼休みに話していたのが「愚痴」であるということがわからず、それを真に受けて課長に抗議に行ってしまったようですね。

彼女は場の空気が読めず、愚痴を真に受けました。これは、ＡＳＤの人にしばしばみられるケースです。対応としては、まず、周囲の人が彼女に「愚痴」という言葉の意味を説

明してみてください。その際、辞書を持参し、活字で見てもらうと理解しやすいと思います。

彼女が「愚痴」の意味が理解できたら、次にその愚痴の対象となっている相手に対して、抗議に行かないことを約束してもらいましょう。

もしも彼女が、愚痴という言葉の意味を理解できなかった場合は、次のような方法を順番に実行してみてください。

一つめは、「ファーストコンタクト」として、「あなたは、同僚が困っていたので課長を注意しに行ってくれたのですね」と、本人の行動を肯定してください。周囲の人からしたら、上司への抗議はおせっかいな行為でしたが、彼女としては、正義感から行動したのであって、ほめられて当然と思っているかもしれないからです。

二つめは、ここでもう一度、愚痴という言葉の説明をしてください。そして、この場合の愚痴は、周囲の人が具体的に正したり変えたいと思っていることではなく、昼休みに、困っている気持

ちを聞いてもらいたいだけのことなので、その話に対して具体的に行動を起こさないように話をしてください。

しかし、彼女が同僚のために、上司のところに抗議に行ってくれた行動を肯定して評価することは重要です。相手の行為や言葉が違っていたとしても、まずは肯定してから、別な方法もあることを提示する流れは納得してもらいやすく、別なシチュエーションでも役立つのではないでしょうか。

結果

「愚痴」という言葉の意味について、同僚が根気よく説明をしましたが、結局、理解することはなかったそうです。しかしそれ以降人の話を聞いて、勝手に上司のところに抗議に行くようなことはなくなりました。

彼女は今回の件だけが問題でしたので、仕事は一所懸命に取り組んでいて、現在も中堅社員としてがんばっています。

第3章

“発達障害かもしれない”人たちの気持ちを知る

“発達障害かもしれない”人は、一所懸命仕事をしているにもかかわらず、周囲の人に受け入れられなかったり、上司の指示通りに仕事をしているつもりなのに怒られたりすることがあり、理不尽な気持ちを抱き、悩み、困惑しています。これを困り感と呼んでいます。この困り感は、周囲にはわかりにくいものです。

本章では、発達障害を持っているかもしれない人たちが、どのような気持ちで仕事に取り組み、困っているかを、紹介しましょう。

発達障害の人が職場で困っていること

仕事上の指示やルールが曖昧なために、どのように行動すればよいかがわからなくて困ったということは、どなたにも経験があるのではないでしょうか。発達障害の人にとっても同様です。

たとえば、ＡＳＤの人のなかには、ルールを守ることを得意としている人がいます。こうした人には業務マニュアルの存在は有効です。業務マニュアルに書かれていることは、他の人以上に頭に入っていることが多く、上手に対応します。

こうした人が困ってしまうのは、業務マニュアルに記載されていないことが発生したときです。周囲の人は、「いちいち人に聞かず、自分で考えて柔軟に対応してよ！」と思うかもしれませんが、正解が決まっていないことに対して自分で判断して対応するのが苦手な人がいるのです。

また、聴覚過敏や視覚過敏といった五感の過敏、もしくは五感の鈍感がある場合は、職場で発生する音や色に対して苦痛を感じます。電話のベルが拡声器を通したような大きい音で聞こえてしまう人もいます。すると、職場にいることさえつらいと感じてしまいます。

ここでは、発達障害の人がどのようなことに困っているかを紹介しましょう。

相談事例

上司の指示が曖昧でわからない

私（30代　男性）はスーパーの店員として働いています。「店内を回って品薄になっているものを適当に補充してください」と指示をされていますが、〝品薄〟とは、そして〝適当〟とは何個のことなのかわからず、つい店長に確認してしまいます。店長から、「そろそろ自分で考えて行動してください」と言われてしまい、どうしてよいかわからず、軽いパニック状態になりました。

さらに追い打ちをかけるように、店長から「その日に何が売れるかわからないので、状況を見ながら適当にやって欲しい」と言われたので、自分なりに考えて最低2個は同じ商品がある状態を作ったのですが、1人のお客様が2個買ったことにより欠品が生じてしまい、それを店長に発見されて怒られてしまいました。

解説

相談者はＡＳＤの特性があり、〝品薄〟や〝適当〟という曖昧な言葉の意味合いを理解するのが難しく、そうした言葉に接すると悩んでしまうときがあります。ＡＳＤの人は、何か具体的な基準を見つけ、それを手掛かりに物事を考えて行動することが多いので、基準がない中で「自分で考えて行動する」ことは、とても難しい課題になります。

対応

彼の場合、上司は「店内を回って商品が残り2個になっているものがあったら、その商品を3個ずつ補充してください」と具体的に指示を出してください。具体的な数字や方法を伝えると、要求されていることがわかりやすいのでできることは増えていきます。

結果

これまで彼は、自分なりに考えて同じ商品が最低2個、陳列棚にある状態を保っていました。しかし、店長の考えは、5個ずつ在庫を置いておきたいことがわかり、次の日から5個にしました。互いの考えが明確になり、彼は怒られることはなくなり、現在も順調に仕事を続けています。

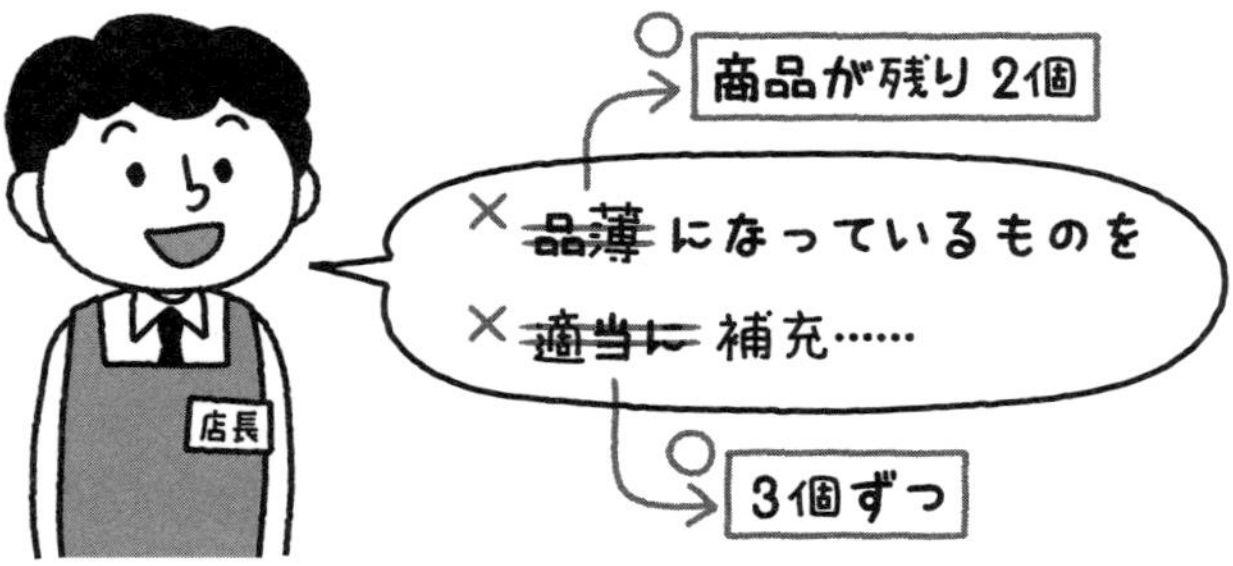

商品が残り 2個
× 品薄になっているものを
× 適当に 補充……
3個ずつ
店長

相談事例

電話の音が拡声器を通したような大音量に聞こえる

私（20代　女性）は職場の電話が鳴ると、その音にビクッとします。「着信音が大きすぎるので小さくしてください」と上司に頼んだのですが、周囲の人は気にならないようで対応してくれません。しかし、あまりにも着信音が気になるので、その後再び上司に抗議をしたところ、ようやく電話から遠い席に移動させてくれました。しかしそれでもまだ、うるさくて困っています。

解説

ＡＳＤの人の中には、聴覚など感覚過敏のある人がいます。聴覚が敏感な場合、周囲の人には普通の音量に聞こえていても、彼女には拡声器を通したような大音量に聞こえています。本人の近くにある電話機だけはベルの音を小さくしてあげてください。

結果

周囲の人は、彼女には電話の着信音が大音量で聞こえていたことを理解し、気遣うようになりました。困っているのは電話の音量だけだったので、その後は落ちついています。

相談事例

マニュアルに記載がないことはできない

私（20代　男性）は営業職を担当しています。先日、課長と営業に行き、お客様から「急いでいるんだけど、御社に注文したらどのくらいで納品してくれますか」と聞かれました。通常、注文を受けてから納品までには6週間と決まっているのでマニュアル通りに「6週間です」と答えたら、課長はすぐに、「お客様、通常は6週間ですが、急がせて5週間での納品を目指します」と説明しました。

しかし、そんなことは無理なので、私は嘘をつくのはよくないと思い、お客様の前でしたが「課長、お言葉を返すようですが5週間では無理です。マニュアルにも書いてありま す」と反論しました。結局、その商談はボツになり、帰社後、課長からものすごく怒られてしまいました。

解説

ＡＳＤの人は、マニュアルに記載されていることが全てであり、基本的に、例外を認めない傾向があります。性格もまじめで、状況を察するのも苦手なため、間違っていると思うと、商談の場であろうとお客様の前で上司に反論するようなこともあります。

もしも、現時点でマニュアルに記載がない特例のスケジュールを採用するのであれば、まず、その方法をマニュアルに新しく追記しましょう。

5週間で納品する方法として、「社内決済を1日早め、配送の予約を3日早め…」といったマニュアルに記載のない短縮プランを彼に具体的に示すのです。ただし、この5週間のプランは、平常プランではなく特例であることも説明しましょう。

彼のマニュアルに5週間で納品する方法が追加されれば、次回からは時短プランも可能だと認識するでしょう。

結果

彼は課長が提示した納品スケジュールを「新しいマニュアル」に追記しました。すごく感動したようで、課長に対する信頼感もグッと上がりました。それ以来、会社のマニュアルにないことがあるとなんでも課長に聞くようになったため、今度は課長が疲弊気味となっています。

しかし、彼は仕事に前向きに取り組んでいるので、課長もしっかり育てようとあたたかく見守っています。

相談事例　ルールを守らない人は許せない

私（10代　男性）は工場に勤務しています。工場内はトラックの出入りが頻回でとても危険です。工場の敷地内には歩行者用の歩道や、横断歩道などが路面にペイントされていて、それ以外の場所は歩いてはいけないルールになっていると新入社員研修で教わりました。

昼食時は食堂に向かいます。工場から食堂に行く際は横断歩道を渡る必要がありますが、食堂は横断歩道より手前にあるので、多くの人は近道のつもりで横断歩道の手前の道路を横切ります。私は、きちんと横断歩道を渡るようにしているのですが、そのことでみんなからバカにされます。しかし、私はルールを守らない人は信用できません。

先日、ルールを守らない人が指導係になったので反抗してしまいました。その態度を注意されて納得が行かず困っています。

解説

相談者にはＡＳＤの傾向がありました。ＡＳＤの特性のある人は、ルールをとても重視します。工場の敷地内で車通りがなく、危険がない場所で、あえて遠くにある横断歩道まで歩いていくという行為は、一般的には〝融通がきかない〟と思われる場合があります。しかし、ＡＳＤのある人からすれば「ルールを守らない人は信用できない」と、その人に心を閉ざしてしまうことがあります。

この場合の主張はもっともなことです。社員教育を繰り返し、横断歩道を渡るというルールを守る風土を作ったり、あるいはルールの見直しを検討してください。

そのうえで、彼にも「融通」という言葉の意味を知ってもらいましょう。融通を覚えてもらう意味で、「横断歩道のルールを守らないこと」と「仕事を教えてもらうこと」は別であることを理解してもらうのです。それでも彼が納得しない場合は、しっかりルールを守っている人を指導係につけることが早道です。

結果

工場内の交通安全ルールが全社員に徹底され、また注意書きや柵の設置により多少の遠回りをしても横断歩道を渡る人が増えました。その後は、彼も自分の意見を受け入れてもらえたことで安心し、周囲の人の意見を聞き入れながら仕事ができるようになり、職場に適応しています。

相談事例　仕事の集中力が続かない

私（30代　女性）は、事務の仕事をしています。

机の上で作業をしていると集中力が20分しか続かず、どうしても席を立ってトイレに行ったり、化粧を直しに行ったりしたくなります。周囲からも注意されるのでなるべく着席していようと思います。それでも30分はがんばれるのですが、30分以上は「もう限界！」と席を離れてしまいます。仕事が進まず、自分でもどうしてよいか困っています。

解説

ＡＤＨＤのある人の中には、集中力が続かない人がいます。じっとしていることが苦手で、すぐに離席し、なかなか帰ってこないなど、職場で問題となっている場合もあります。時間の管理や仕事の配分が苦手なため、７時間も同じ仕事をすると考えただけでうんざりしてしまうようです。

このような場合は、まず全体の仕事をもっと細分化し、たとえば、それぞれ1時間程度でできる量に小分けして、「9時から10時まではこれをやってください」と具体的に指示をしてみましょう。本人も短時間ごとに仕事が区切られていると、変化が感じられ、また達成感が得られ、今よりもやる気を感じられるのではないでしょうか。

結果

20分〜30分しか続かなかった集中力が、なんとか1時間、席を離れずに仕事ができるようになりました。

次の課題として、1時間30分は離席しないという目標を提示していますが、それはまだ達成できていません。

しかし、彼女に前向きに取り組む姿勢が出てきたため、いろいろなことがありながらも周囲の人もおおらかに見守ってくれるようになりました。

相談事例

蛍光色のピンクの付箋に恐怖を感じる

私（20代　男性）はある施設の職員として働いています。仕事自体は楽しいのですが、職員同士の人間関係に悩むこともあります。

先日、出張の報告書に「やり直し」と書いた蛍光色のピンクの付箋が貼られ机の上に置かれていました。私はこれを見て思わず帰宅してしまいました。蛍光ピンク色に驚いたのと、上司に人格を否定されたと思ったのとでパニックになってしまったのです。

しかし同僚から説得されて職場に戻りました。

その後上司と面談をして、人格を否定されたわけではないことは理解できましたが、それ以降蛍光色の付箋が苦手です。あの蛍光色のピンクが目に飛び込んできたときは本当に恐怖を感じました。それを思い出すと頭痛がして仕事が思うようにできません。

解説

この相談者は視覚過敏がありました。視覚過敏で蛍光色が苦手という人は珍しくありません。蛍光色のポップや、ポスターなどが多い店には入れないという人もいます。感覚過敏はあらわれ方が様々です。

彼の場合は蛍光色でなければ大丈夫だそうですので、今後は刺激が少ない、淡い色の付箋を使ってあげてください。

結果

彼の場合は、職場の人間関係にストレスを感じていた状況で、たまたま上司が「やり直し」という否定的な言葉とともに使った蛍光色のピンクの付箋が過剰な刺激となり、結果的に本人を苦しめてしまいました。

上司はこの経験から、視覚過敏以外にも仕事中に配慮するべき事項がないかを聞くようになり、彼は仕事で困ることが減りました。

相談事例

大勢の人と話していると、会話が混線して頭痛がする

私（20代　女性）は病院で看護師として働いています。

患者さんと一対一で話をしているときの内容はよく理解できるのですが、ナースステーションで医師や看護師たちが、複数の患者さんについて話し出すと、さまざまな情報が飛び交って、誰の話を聞いてよいのかわからなくなり、頭が痛くなります。そのうちボーッとしてきて大事な情報を聞き漏らし、いつも注意されます。自分でも気を付けようと思うのですが、頭の中で会話が混線してしまい、誰のことを言っているのか、わけがわからなくなります。

解説

ＡＤＨＤのある人の一部に、ワーキングメモリがうまく働かない人がいます。一度に複数の情報があると、どの話を聞いてよいか、誰のことを話しているのかなどがわからなくなり、困ってしまいます。情報の取捨選択ができず、聞き逃してしまうのです。

大事な情報を伝えるときに、次のようなことを行うとよいでしょう。一つめは、話す人が「〇〇号室の〇〇さんについて報告します」「メモをしてください」などと前置きをす

ることです。二つめは、ナースステーションでの打ち合わせの際は、1人ずつ順番に発言することに決め、話し終わった人は「以上です」と言って、話の区切りを明確にしてください。

結果

これまで複数の情報が飛び交うと、誰のことを話しているかわからなくなって、相談者は思考が停止していました。

現在は、ルールを決めたことにより誰に関する情報なのか明確になり、1人ずつ情報が完結したことがわかるようになったので、メモをきちんと取れるようになったそうです。

もちろん、忙しいときは、相変わらず複数の情報が飛び交って、ついていけなくなることはあります。しかし現在は、誰のことを言っているのか、何となく想像しながら聞き取れるようになり、困ることが軽減しました。

相談事例　大声を出されると怖くなり、その後のことを何も覚えていない

私（30代　女性）は衣料品の販売員として働いています。昔、仕事でミスをしたときに、背の高い男性の上司から大声で怒鳴られたことがありました。そのときから、身長が高い男性が近づいてくると恐怖を感じることがあります。

先日、ミスをした際に、部長から大きな声で怒鳴られました。そのとき、昔のことがフラッシュバックして、頭がパニックになり泣き出してしまいました。その際部長からいろいろと意見をされたようなのですが、大きな声の後のことは何も覚えていません。

解説

相談者はASDの傾向がありました。ASDのある人は記憶力が良く、嫌なことも忘れにくいためトラウマを抱えやすい場合があります。彼女は、かつて怒鳴られた経験から長身の男性や大声がトラウマとなっているそうです。部長に怒鳴られたことが引き金となって過去の出来事がフラッシュバックして怖くなったということですから、今後、周囲の人は注意するときでも大声は出さないようにしてあげてください。それでも、フラッシュバックが繰り返されるようであれば、彼女には心療内科を受診することをお勧めします。

結果

彼女は、職場でフラッシュバックが起こったことで自信をなくしています。

「また怒鳴られるのではないか」「パニックになったらどうしよう」と思えば思うほど出勤することが苦痛になっていきました。

しかし、このままではよくないと思い、心療内科に通院するようになりました。そのおかげで、次第に精神的に安定してきました。

現在は3年が経過していますが、抗不安薬の頓服薬を常備していることで安心するのか、フラッシュバックは起こらずに済んでいます。

相談事例　記憶力がよく、いろいろなことを思い出して眠れない

私（30代　女性）は企画を担当しています。他人の表情がうまく読みとれず、職場で同僚が黙々と仕事をしている様子を見ると、顔が怒っているように見えます。これ以外にも、職場の人間関係で悩むことは多く、ついに出勤できなくなって休職してしまいました。

一番つらかったことは、先輩に「いつまでにこの企画書が作れる？」と聞かれて答えられなかったことです。私としては、「いつまでに…」と言われても、今日かもしれないし、3日後かもしれない、そんなはっきりしないことをなんで私に聞くのか不思議で、1人で悩んでいたら朝起きられなくなっていたのです。

1ヵ月後に復職しましたが、寝坊は続き毎日遅刻しています。社内では復帰から2ヵ月が経過しても定時に出勤できないことが問題になりました。フレックスタイムの制度があるので、勤務上問題はないのですが、自分でも遅刻の改善が課題だと思っています。

解説

彼女と面談をして、遅刻の原因を一緒に考えました。帰宅後、テレビや音楽の視聴、パソコンや読書などには時間を費やしていないにもかかわらず、就寝時刻の平均が午前3時

ということがわかりました。

何度目かの面談の際に彼女が、「明け方まで反省しているんです」と言いました。彼女は、会社で朝、笑顔であいさつを返してくれなかった人がいた場合、「私のお辞儀の角度が悪かったかもしれない」という反省から始まって、勤務中の出来事が布団の中で鮮明に思い出されるので、毎晩1人反省会をしていたのだそうです。記憶力がよすぎるゆえに、勤務時間と同等の反省時間を必要として、就寝時間に影響が出ていたのです。

このように、ASDがある人の一部に、記憶がリアルに残ってしまう人がいます。私は彼女に「反省時間を短く、睡眠時間を長くしてください」と言いました。しかし、自分でコントロールすることは難しそうでした。このため、具体的な指示として、「あなたの反省時間は、今日から3時間にしてください」と伝えました。

結果

彼女は不安そうでしたが、反省時間を3時間に変更する努力をしてくれました。生活サイクルを見直し、徐々に睡眠時間を増やしていき、2ヵ月が経過した頃から遅刻がなくなりました。

相談事例　人との距離感がわからないけれど、同僚と仲良くしたい

私（30代　男性）はアニメが大好きで、仕事の休みの日はよく毎週アニメ関連のイベントに行っています。

先日職場で、自分が行ったイベントで楽しかった話をしましたが、誰も返事をしてくれませんでした。

本当はみんなもアニメの話をしたいのだと思いますが、仕事をするふりをして相手にしてくれません。同僚のそばに行って肩を組み、話しかけてみたのですが、同僚はなぜか怒ってしまいました。私は同僚と仲良くアニメの話をしたいだけなのに、何がいけないのでしょうか。

解説

ＡＳＤのある人のなかには、状況に応じたふるまいや、相手の気持ち、他者との適切な距離感がわからなくて困っている人がいます。この事例のように相手には興味のないアニメについて一方的に話し続けたり、急に肩を組んだりするなど過剰なボディタッチをして嫌がられることもあります。相手の表情から、気持ちを察することができないためで、本

人に悪気はありません。

彼は、人との距離感のトラブル以外は問題がなく、仕事も早く業績も良いため、会社としてはしっかり仕事に集中して欲しいと思っていました。

まず彼の中にある「みんなはアニメが好きなはず」という思い込みを払拭《ふっしょく》しようとしました。しかし、それはできませんでした。

そのため、人との実質的な距離感を改善するべくボディタッチの禁止に取り組みました。これは、まずまず守れるようになりました。

アニメについては、周囲の人がきちんと言葉で「今は仕事中なのでアニメの話はできません」と伝えるようにしたところ、一方的な会話は徐々に減っていきました。

結果

会社では、休憩時間以外はアニメの話をしてはいけないことを上司から彼に、ルールとして伝えてもらいました。同僚もこのルールに従って、仕事中に彼がアニメの話を始めたら注意をするようになったため、徐々にアニメの話題を出すことはなくなりました。

相談事例

「コミュニケーションが独特だ」と言われ、孤独を感じている

私（20代　男性）は職場でのコミュニケーションで悩んでいます。同僚からは、「コミュニケーションが独特だ」、「変な敬語を使うし、話があちこち飛んで会話するのが疲れる」と言われ悩んでいます。

親しくなるために私のほうでも、同僚を楽しませてあげようと思って一所懸命ダジャレを考えたり、お笑いのネタを覚えて披露したりするのですが、受け入れてもらえません。冷たい態度をとられ頭にきてしまいます。チームで仕事をするときも、誰も話しかけてくれなくて孤独を感じてしまいます。

解説

相談者は場の雰囲気を察するのが苦手なようです。そのためその場にそぐわない敬語を使ったり、一方的な話に、周囲の人が違和感をもち、コミュニケーション上の問題が生じています。しかし、本人には自分がおかしなコミュニケーションをとっているという自覚はありません。自分では正しいと思っているため、周囲の人は対応に困ることでしょう。

まずは、周囲の人が、彼の敬語は不自然であることを教えてあげましょう。彼には、仕

事ができるようになってもらうことが先決ですので、気が付いたときにその都度、ふさわしい言い方を教え修正していけば少しずつ改善する可能性があります。

そして周囲の人は彼の言動がＡＳＤの傾向があるために起こっているかもしれないことを理解するよう努力しましょう。

結果

周囲の人は、彼がおかしな敬語を使ったり、ダジャレを連発したりすることが、ＡＳＤの特性からあらわれているということを知り、少し包容力をもって見守れるようになりました。

彼のダジャレも周囲が根気強く注意を続けた結果、少しずつ減ってきました。

それについては
めっそうもない
ことでございます
上司には
入念に申し伝えて
おきます
社内なのに
おおげさ
だなー

相談事例

仕事の速度を上げるように言われたが、ミスをしたくないので無視をした

私（30代　男性）は課長から「あなたは仕事のスピードが新人の頃から変わらず、マイペースすぎる」と言われ悩んでいます。仕事は100％完璧でなければいけないというのが私の考えです。仕事のスピードを上げたためにミスをして怒られるのは私なので、急がされても無視をしています。

先日、会議で私の担当業務の進捗状況を聞かれたので、「予定の3割です」と正直に答えました。すると「もう中堅社員なんだから、そんなことではいけない」と怒られました。それ以来、課長とは口をきいていません。

解説

ASDの人の一部の特性として、仕事を急がされても自分のペースを変えられない人がいます。周囲の人からはゆっくりしているように見えても、本人は、一所懸命仕事をしていて、こだわりの強さから決まった手順を変えられなかったり、技術的にスピードが上げられない場合もあります。

上司からしたら、期待を込めて「そんなことではいけない」と叱咤激励したのかもしれ

ませんが、その気持ちは伝わらず、あまり心には響かなかったようです。

彼のような人にスピードアップを求める際は、「この仕事の内容ならば、この時期にはこの工程が4割はできているように努力しよう」と、より具体的な期日と成果の目標を提示してあげてください。

結果

彼の仕事のスピードが上がらない状態は、その後も続きました。課長からすると、4割の進捗状況でも周囲から不満が出るため、それ以上にスピードを上げて欲しいのですが、スピードを上げられない理由は本人が怠けているわけではなく、ASDの特性による可能性があることがわかったので、その後は緩やかにスピードアップするように指導をしました。

しかし、なかなか周囲との歩調が合わず、さらに大幅な業務内容の見直しが必要な事例です。

相談事例 残業が3時間を超えるとメンタル不調になる

私（20代　女性）が所属している職場では、月末が忙しく、担当者だけで間に合わない場合は、みんなで助け合って1〜2時間残業する日があります。

しかし最近は、手伝わなければいけない仕事が増え、残業する日が多くなっています。毎日3時間までの残業ならばなんとかこなせるのですが、3時間を超えると急にイライラしてしまいます。

そんなとき、同僚が急に退職したため、さらに私の仕事が増えました。3時間以上の残業が数日続き、もうダメだと思って心療内科を受診したところ、休職を指示されました。その後、体調は回復し復職しましたが、復職後も3時間を超える残業が続くと急に辛くなり、現在は休職と復職を繰り返しています。

解説

発達障害のあるなしに関わらず自分のキャパシティを超えると、ストレスから体調不良になるケースはよくあります。多くの人は、仕事に慣れるに従ってキャパシティが大きくなっていき、職場もそれを期待しますが、簡単には変えられない人もいるのです。パソコンにたとえると、容量が小さい人です。彼女の場合は、残業は3時間までが限界だったのでしょう。

職場では、それぞれの人の容量に合わせた残業時間を設定してあげてください。彼女のキャパシティの問題ですから、3時間を超える残業が続くとおそらく倒れてしまうでしょう。周囲から見ると不公平に思えるかもしれませんが、全社員がトラブルなく働くことができるほうが全体の利益になることを理解してもらい、彼女には業務制限をかけ、3時間までの残業で収まる内容を担当してもらったほうがよいでしょう。そうすれば、彼女も倒れることなく、会社の戦力としてがんばってくれると思います。

結果

周囲の人に、彼女のキャパシティが狭いことを説明して理解を求めました。最初は周囲の人も協力的でしたが、1年が経過したころ、「やはり不公平だと感じる」という訴えが再燃しました。彼女も1人だけ残業を3時間で免除してもらうことに気兼ねがあったため、自らパートへの雇用形態の変更を希望しました。この会社は、パートであれば残業をしなくてよいので、周囲に気を遣う必要がなくなり、彼女も精神的に元気になりました。

相談事例

「柔軟」「ほどほど」とは具体的にどうすればよいかわからない

私（40代　女性）は接客業の仕事をしています。周囲の人からはまじめな性格だと言われ、業務マニュアルを正確に覚えていることが自慢です。お客様に質問をされた際は、業務マニュアルに書いてあることを上手に説明できて誉められたことが何度もあります。

一番困るのは業務マニュアルにないことを聞かれたときです。お客様が聞きたかった内容と違うことを答えてしまったり、私をからかうつもりでわざと難しい質問をされたようなのですが、私はそれに気づかずに上司に聞きに行ってお客様を30分も待たせて怒らせてしまいました。上司からは「柔軟に対応して」とか「ほどほどにやって」とよく言われますが、その言葉の意味がわからず困ってしまいます。

解説

彼女の取り柄は、まじめに一所懸命仕事をすることです。このタイプの人に「柔軟に対応して」とか「ほどほどにやって」という言葉は逆効果になることがあります。「柔軟」や「ほどほど」と言われても具体的にどうしてよいかわからないため、悩んでしまうからです。

まずは、上司や同僚が柔軟に対応した事例をお手本で見せてあげてください。それを成功事例の一つとして、彼女のマニュアルに取り込んでもらうことがよいと思います。

つまり、対応マニュアルの項目を増やすことで、対応できる項目を増やしていくのです。

結果

彼女がお客様の質問に対応した事例に加え、上司や同僚が対応してうまくいった成功事例を記録してデータベース化し、彼女なりの対応マニュアルの項目を増やしていくことで、さまざまな場面に対応できるようになりました。

もともと勉強熱心であったことも幸いして、知識も豊富になり、お客様からの評判もよく、本人は以前にも増して、やりがいをもって仕事ができるようになりました。

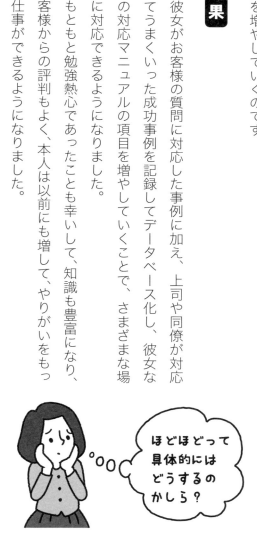

相談事例

空気が読めず孤立しがち

私（30代　女性）は事務職として働いています。職場の事務室には女性が4人いて、来客の際は気付いた人がお茶を出すことになっています。私は下を向いて仕事に集中していることが多いので、お客様が来たことに気づかず、ほとんどお茶出しをせずに1日が過ぎていきます。

また、昼食のとき、同僚は先輩に話を合わせていますが、私はそれができません。最近は、とうとうお昼ご飯を食べる仲間に入れてもらえなくなりました。

それでも先日、同僚が飲み会に誘ってくれました。嬉しかったのですが、たまたま月末でお金がなく、正直に「お金がないので今回は遠慮します」と答えたら、同僚は不機嫌になってどこかへ行ってしまいました。

解説

彼女はよく周囲の人から「場の空気を読んで」と言われるそうですが、それがどういう意味かわかっていません。空気が読めないので、周囲の期待にこたえられないことが多々あるそうです。伝え方も上手ではなく、せっかく誘ってもらった飲み会を、誘われて嬉しかった気持ちや気遣いが伝えられないまま断ったことで孤立してしまいました。彼女もその状況はなんとなく自覚していて、困惑しています。

少人数の女性が働く職場で人間関係がうまくいかなくなると、仕事はやりづらくなるでしょう。一度関係が壊れると修復は難しいと思いますので、3人の中で一番自分に対して優しい人に、自分の要領が悪いために悩んでいることを伝えましょう。その際、職場内で把握しておくべき情報を教えてもらえるようお願いしてみましょう。

それが難しいようであれば、上司に相談し、上司から情報を教えてもらいましょう。

結果

彼女は勇気を出して、場の空気がうまく読めず、要領が悪くて悩んでいることを同僚に相談しました。これを契機に、同僚が先輩に直接相談をする機会を作ってくれ、話ができたことで関係は少し改善しました。再度飲み会にも誘ってもらえるようになり、周囲の人と打ち解けてきたようで、会社での居心地もよくなりました。

発達障害の困り感を周囲の人が理解するために

発達障害およびその傾向がある人は、場の空気が読みづらい、周囲の人とコミュニケーションが上手に取れない、という悩みを抱えていることが多いものです。

場の空気が普通に読めて、コミュニケーションが上手に取れる人からみると、「なんでこんなこともできないの？」と思うかもしれませんが、「努力してもできないこと」というのはどなたにでもあるものです。

私たちは、視力が低下すると不便を感じます。悪化すると本が読みにくくなり、車の運転も困難になります。しかし、メガネやコンタクトレンズを使用すれば、文字も読みやすくなり、車の運転もしやすくなり、日常生活の不便さは改善できるのです。

発達障害、およびその傾向がある人にも、視力の低下と同様の機能の低下が起こっていると考えてみてください。低下した部分に対し、周囲の人がメガネのような補助具となる支援を提供することで改善が期待できます。

第4章

相手の気持ちを読み取り、理解することの困難さ

発達障害の人は、場の空気が読めないために不可解な行動をとったり、相手の気持ちを読み間違えることがあります。また、一所懸命やっていてもうまくいかず、周囲の人から怒られることが多々あり、失敗体験が重なりがちです。

この原因には、“心の理論”の関与もありそうです。本章では、心の理論を踏まえて、不可解な行動を解説します。

心の理論について

たとえば私たちは、仕事が終わった同僚から「お疲れさま」とあいさつをされたら、「お疲れさまでした」と相手に返します。なぜなら、返さないと相手に失礼ですし、相手が不快に思うだろうと直観的に理解するからです。

この他者の心を類推し、理解する能力は〝心の理論〟と呼ばれていて、4歳から5歳頃までに獲得するようです。発達障害の特性のある人は、この〝心の理論〟がうまく機能しないために場の読み違えを起こし、トラブルになる場合もあるようです。

ここでは、例として①場の空気を読む力、②相手の気持ちを察する力、③先の見通しをつける力が機能しない場合とうまく機能する場合を紹介します。

場の空気を読むのに役立つ「読む力」

「読む力」とは？

読む力に大切なものは、相手のことを理解するための「観察力」、そして、観察によって得た情報をもとに相手が何を必要としているかを見極める「想像力」です。

たとえば、「私だったら、こうしてもらうと嬉しいけれど、相手はどのように思うだろうか」「こんなことを言われたら私は不快な気持ちになるけれど、相手はどのように思うだろうか」などと相手の立場になって考えることです。相手が必要としているものが何かを予測できれば、その場に適した対応ができます。

読む力がないと?

一般的に、読む力がない人は、相手の立場になって考えることが苦手です。この発言をすると相手がどのように思うかを想像することができないため、自分の考えを一方的に話したり、自分の価値観を押し付けたりすることが多くなります。

次の事例は、会社の運動会の実行委員会で起こった出来事です。空気が読めない彼は一所懸命なのですが、自分の価値観だけで発言をするため、会社全体の行事としては受け入れにくい提案ばかりしてしまい、会議の進行を邪魔してしまいます。

相談事例

自分の価値観から独りよがりな発言をする

同僚（20代　男性）は入社1年目で、会社の運動会の実行委員をすることになりました。実行委員会では、予算が少ない中でみんなが楽しめる競技は何かを話し合っていました。彼は、その場で突然「1位の賞品に海外旅行を出したらいいと思います」と発言し、周囲の人は唖然《あぜん》としました。議長からは、「予算が少ないことはわかっていますか？」と質問されました。しかし彼はそれに答えず、「みんなが楽しめるなら、海外旅行が一番です」と言い張るので話が噛み合いません。当然、海外旅行は予算が足りないのでその意見は却下されました。

次に、運動会の司会者を決めることになりました。例年司会者は、若手社員の中から希望を募っているという話が出たところで、またしても彼が手を挙げ、「僕がします。ぼくはカラオケでいつもマイクを持っているので司会も得意だと思います」と自信満々に言いました。

解説

一所懸命、話し合いに関わろうとする彼の姿勢は評価できるのですが、全体像が見えず、場の空気も読めないために、周囲の人と噛み合わなくなっています。

「みんなが楽しめる」というキーワードから「海外旅行」が出てきたり、「司会」と「マイク」が結びつき、カラオケが得意な自分が司会を買って出たという思考の流れになっているようです。

一般的に、読む力があれば、実際に実行できるかどうかや、運動会の競技に参加する社員の立場になって楽しいかどうかを考えることができます。

この事例のように運動会の競技種目を提案するように言われたら、まず実行委員としていろいろな段取りや予算をイメージして「現実的に実行可能で、社員の多くが楽しめる競技は何だろうか？」という発想から提案します。これは、他者の気持ちになって考えるという視点で、読む力がある人の特性になります。

彼は、読む力がないために視野を広く持つことができず、自分の価値観だけから答えを導きました。

読む力があると？

次に紹介する男性は、読む力があるため全体像を理解しつつ、他者の立場、さまざまな価値観を踏まえて考えることができ、多くの人に受け入れられそうな競技種目が提案できています。

相談事例　会社全体の利益を考えた企画を提案

入社2年目の私（20代　男性）は、会社の運動会の実行委員を担当しています。実行委員会では、少ない予算の中でみんなが楽しめる競技の提案と、司会の人選について話し合っていました。

私は、「環境をテーマに、ゴミ分別競争はいかがですか？　社内で出た空き缶、ペットボトル、電池、再生紙として使えるミスコピー紙などをためておいて、それをいかに早く分別できるかを競争するのです。明日からの社内美化運動にも役立つかもしれません」と提案しました。

司会者の選定については、例年、若手社員の中から希望を募ってお願いしている話を先輩から聞いていました。今まで、それでうまくいっていたようですし、若手の活躍する場を増やしていく意味でもよいことだと思ったので「今年も同様のやり方がよいと思います」と言うと、社員の大半が同意見でした。

解説

運動会の種目に環境をテーマにしたゴミ分別競争を提案することは、時代を読んだ提案だと考えられます。実現する可能性も十分ありそうな案です。

しかも、明日からの社内美化につなげて考えるところは、〝読む力〟がしっかり機能していると思われます。

司会の人選についても同様です。

読む力を養うコツは全体像を捉えること

　読む力がないと、自分に興味がある目先のキーワードに捉われてしまうため、全体像を捉える段階まで達していません。

　その一方、読む力があるのほうの例では、全体像を掴んだ上でよい提案ができています。読む力を養うコツは全体像を捉えることで、そのための方法は二つあります。

　一つめは、話の内容を図式化し、視覚的に全体像を捉えること。二つめは求められている要素を吟味してから回答することがよいと思います。

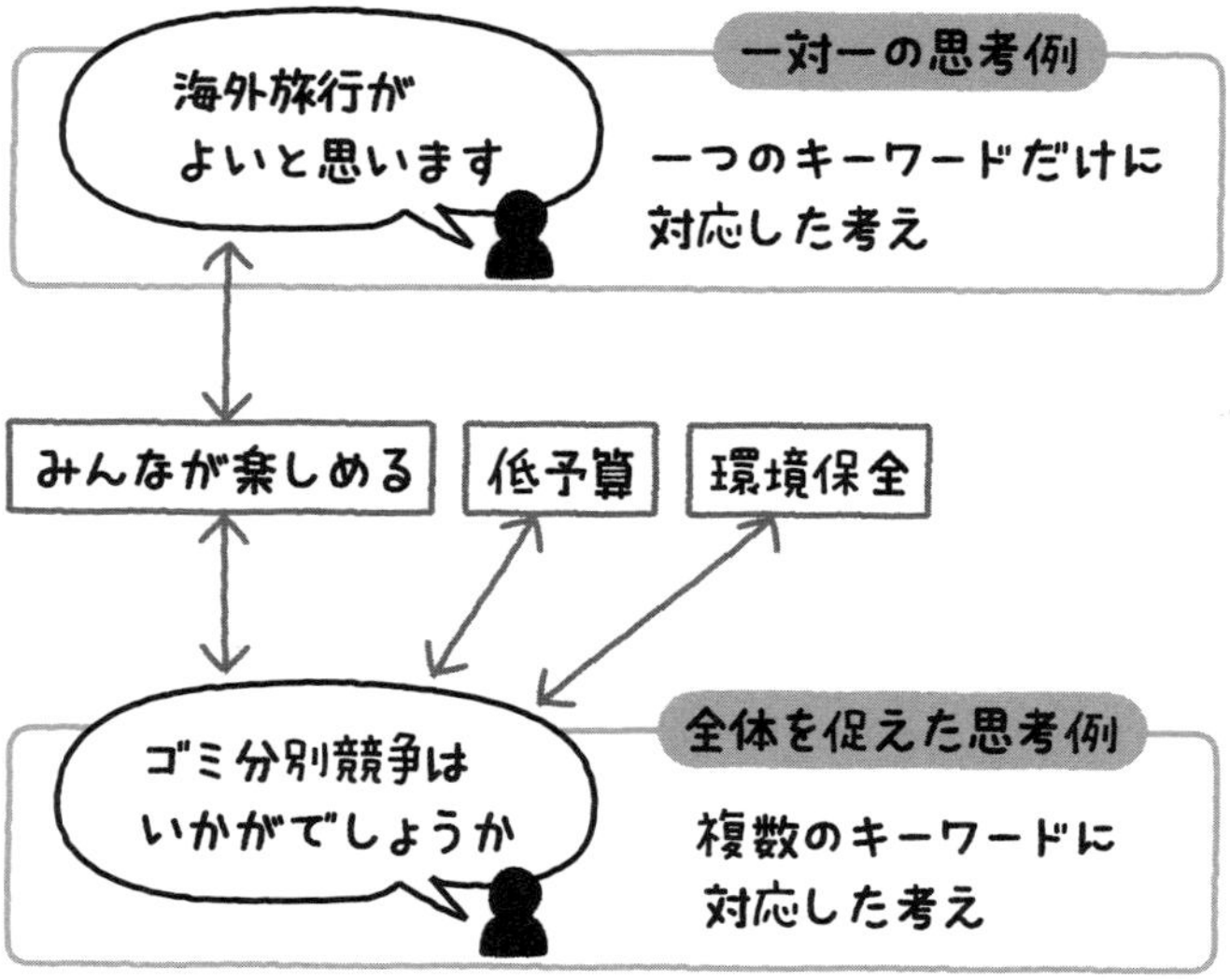

読む力を養うための練習課題

これは、職場でよく起こる出来事を想定した練習課題です。人間関係を正確に読み取ること、そして場の空気が読めるようになることを目的としています。

練習課題❶

第二営業部の木村君は、今月の営業成績がトップでした。第二営業部は、教材の販売を業務とする部署で、管理職は三上課長です。

ここの部署では、社員から毎月1000円ずつお金を集め、冠婚葬祭や懇親会のときに使っています。その管理をしているのは岡村さんです。また社内には、安全衛生委員会があり、今日は山下君が出席しています。ハラスメント対策委員は大森さんが担当です。

先日、会議がありました。今月の営業成績がよくないので、どのようにして目標を達成するかが話し合われました。

最後に三上課長から、「別件だけど、今度全社で社員旅行をすることになった。うちの部署からも誰か1人実行委員を出さなければいけないが、誰かやってくれる人はいないか？」と立候補を求められました。

問題1 第二営業部の社員は全員で何人でしょうか？

問題2 社員旅行の実行委員に立候補する確率が高い人は誰でしょうか？

解答1 5人（三上課長、木村君、岡村さん、山下君、大森さん）

解答2 木村君（他の人は何かの役割を担当しているので、何も役割がないことを木村君が自覚していれば、空気を読んで立候補する確率が高い）

結果

この練習課題は、職場内の人間関係、および各自の役割が正確に認識できているかを確認しています。

問題1では、たとえば注意欠如・多動性障害（ADHD）のタイプは〝注意力が散漫〟になりやすいため、数え間違いが発生するかもしれません。

問題2では、自閉症スペクトラム障害（ASD）のタイプだと〝木村君だけ役割がないため、空気を読んで立候補する〟という考え自体が思いつかないかもしれません。

相手の気持ちを察するのに役立つ「察する力」

察する力とは？

察するとは、「物事の事情などを推し量ったり、推察したりする力」のことです。相手の気持ちを察するためには、共感力も必要となります。

たとえば、両手に荷物をたくさん持っている人がドアの前で困っていた場合、周囲にいる人は、そっとドアを開けてあげようと考えます。車いすの人が段差を上がれなくて困っているところに通りかかった場合は、声をかけて段差を上がる援助を行おうと考えます。相手がして欲しいこと、考えていることなどを推察するのが「察する力」なのです。

察する力がないと？

一般的に、察する力がないと相手の気持ちを推察することが苦手です。相手の気持ちを考えたり、言い方を加減することは苦手ですので、自分の考えをストレートに伝え過ぎてしまいトラブルになることもあります。

次の事例は、電話のオペレーターの仕事をしている女性が、お客様の間違いをストレートに指摘したために起こったトラブルです。彼女が正しいことは確かですが、間違いを指摘されたお客様のプライドが傷ついたことに気づくことができなかったために、大きな苦情となってしまいました。

相談事例　相手の間違いをきっぱりと指摘する

私（20代　女性）は電話のオペレーターの仕事をしています。ある日、お客様から電話が入り、「注文した商品が間違って届いた」と苦情がありました。「健康食品を1箱頼んだのに3箱届いた」という商品点数の間違いに関する内容を一方的に話す人でした。パソコンで確認をすると3箱注文されていたため、正直に「お客様が3箱注文されているので当社の責任ではありません」ときっぱり言い切ると、お客様が怒り出しました。しかし、彼女は「お客様が注文の数を間違えたのが悪いでしょう！」と言い返したため、お客様の怒りは収まらず、大きなトラブルに発展してしまいました。

解説

このトラブルに対して、彼女は上司から注意をされた際、「私は悪くない」と泣きながら主張しました。たしかに注文を間違えたのはお客様ですが、お客様相手の仕事というのは、正しければそれでよいというものではありません。

今回は、お客様の感情が徐々に険しくなっていったと思われますが、それを察することができなかったために、途中で修正がきかず、相手を怒らせる結果となってしまいました。

察する力があると？

一般的に、察する力があれば相手の気持ちに沿った柔軟な対応をします。たとえば、お客様が注文点数を勘違いしているとわかった場合は、相手のプライドを傷つけないように収束させることができます。

次に紹介する女性は、察する力があったため、お客様の注文ミスだとわかった上でお客様の気持ちを察し、速やかに注文数の訂正を提案しています。これにより、お客様のプライドが傷つくことなく注文点数3点について納得してもらいました。

相談事例　お客様のプライドを傷つけずにクレームを収束させる

私（30代　女性）は電話のオペレーターの仕事をしています。ある日、お客様から電話があり、「注文した商品が間違って届いた」と苦情を言われました。一方的に話す人で、「健康食品を1箱頼んだのに3箱届いた」という注文数の間違いに関する内容でした。

弊社のデータでも3箱注文されていることが、確認できました。そこで「いつも当社の商品をご購入いただきありがとうございます。今、注文内容をコンピューターで確認しましたところ、当社の注文の記録は3箱となっていますが、お間違いでしたら1箱に訂正させていただきます。注文方法がわかりづらく、ご迷惑をおかけしました」と言いました。するとお客様のほうから「あら、ごめんなさい。私の間違いだったんですね。せっかくだから、今届いている3箱はいただいておきます」と言われました。

解説

彼女は、お客様の注文ミスだとわかった上で相手のプライドを傷つけないように上手に説明をしました。この女性は、自分がお客様の立場だったらどう言って欲しいかを常に考えながら会話をしたため、お客様のほうが受け入れてくれる結果となりました。

察する力を養うには？

察する力がない女性は、「お客様の注文が間違っているか、間違っていないか」、つまり「白か黒」の価値観であったため、お客様が徐々に怒りだしたことに気づけず、大きなトラブルに発展しました。

察する力がある女性は、当社の間違いではないことを確認した上で、お客様が恥ずかしい思いをせずに収めるにはどうしたらよいかを考えながら話を進めたため、トラブルが発生することなく終了しました。

察する力を養うには、成功事例を覚えることが有効です。実際にあったお客様からの苦情に対し、どのような収め方が有効だったかを知り、それを対応方法の一例としてマニュアルに記録すれば、次回、同じケースが生じた際に対応できるようになります。

練習課題❷

私はメーカーで働いています。5人のチームの生産ラインのリーダーを任されています。原田さんは2歳と3歳のお子さんがいて、子どもを保育園に預けています。大塚さんは大病後、職場復帰をして2週間が経ったところです。大塚さん以外の人は元気ですが、ベテランの三宅さんはあまり仕事をしたがらず定時になると一番先に帰宅します。井上さんは愚痴が多く「この人は仕事が遅い」「あの人はこの前もミスをした」と小言を言うため、あまり近づかないようにしています。

この日は製造に遅れが出て、生産量が大幅に足りていません。急きょ残業をすることになりました。

問題1 残業をせずに定時で帰らせてあげたほうがよい人は誰ですか？

解答1 原田さんと大塚さん（原田さんは保育園の子どもの迎え、大塚さんは体調の問題があり無理をさせられないため）

解説

この練習課題は、職場の人の〝個人の事情に配慮〟ができるかを確認するものです。

ＡＳＤの傾向がある人は〝個人事情〟として優先する内容が「三宅さんはいつも定時に帰っているので、定時といえば三宅さん」と思うかもしれません。

体調や家庭環境などの視点から、本当に早く帰らなければならない人は誰なのか考慮しながら判断してください。

見通しをつけるのに役立つ「見通す力」

見通す力とは、先に起こりうることを「予見する力」になります。そのためには対象の全体を把握し、どこがどう関連しているか常に考える必要があります。

たとえば、職場の人間関係でいうと、○○さんと△△さんは仲が良い、××さんは課長の言うことは断れないなどの状況を見抜く能力です。

また仕事であれば、この企画書を3日で作成するためには、1日の仕事量をどの分量にすれば間に合うか、見当をつけることが必要です。その仕事内容をあらゆる方向から見て分析し、1日にこなさなければいけない正確な分量が予測できるようになると、仕事が遅れることはなくなっていくと思います。

見通す力がないと？

一般的に見通す力がないと、物事の全体像を把握しづらくなります。漠然と仕事を進め、仕事の難易度の評価も誤るため、簡単に処理できそうだと判断したにもかかわらず、実は難しくて自分の力量では期日までに完成できないということが発生します。

次に紹介するのは、企画書の提出がいつも遅くて怒られているという男性の事例です。

本人に悪気はないのですが、どこかフワフワしていて計画性がないように見えます。問題は仕事の見通しがつけられないところにありました。

相談事例 企画書提出の締切が毎回守れない

私（30代 男性）は業務上、日々、企画書を提出しなければいけないのですが、いつも締切が守れなくて怒られています。

企画書提出の課題が出されたときは、すぐにでもできそうな気がするのですが、実際は何日も手がつかず、最悪のときは何もできないまま締切がくることもあります。

またプログラムの企画会議で「こんな感じで進めていこう」とよく言われるのですが、「こんな感じ…」が具体的にイメージできず、みんなから遅れを取ってしまいます。

解説

彼は見通す力がないため、企画書作成を計画的に進める力が不足していました。たとえば最初の2日間で調査をして、次の1日で骨子を作り、5日後には完成させて提出する、というように、時間の流れに沿った見通しがもてないと、今日するべきことが明確にならず、調べ物をしているうちに締切がきてしまったということになってしまいます。

見通す力があれば…

一般的に、見通す力があれば仕事のゴールを見据えて、計画を立てることができます。次に紹介する男性は、いつまでに何を行うかを決め、その計画通りに仕事をこなしたため、締切の前日には企画書が提出できました。

相談事例

企画書作成の際は、資料集め、下書き、完成までの進め方を最初に決める

私（30代　男性）は企画書を作成する際は、課題が出たその日からインターネットで資料を集めます。次に3日目までに素案を作り、締切の前日には提出するようにしています。その他、プログラムの会議で「こんな感じで進めていこう」と言われたときは、完成イメージを実際に書いてみます。そうすることで完成図が視覚化され、イメージを共有したり、より具体的に考えることができるからです。

解説

この男性は、企画書の完成日から逆算して、作成日数を具体的に割り出しています。そのため、確実に締切に間に合わせることができています。

見通す力を養うには？

見通す力がないほうの彼は、そもそも企画書の完成図がイメージできていません。見通す力があるほうの彼は、まず企画書の完成図を描き、そこから逆算していつまでに何をするかを決めています。

見通す力がないタイプの人は、まず具体的な完成予想図を作るところから始めてはいかがでしょうか。この可視化がとても重要です。

練習課題③

「各国のカレーの作り方に違いがあるか」というレポートを5日後に提出することになりました。

問題1 どのようなスケジュールで完成させて提出しますか？

解答1

1日目…カレーの消費量が多い国のベスト10を調べる。
2日目…10ヵ国のカレーの作り方を調べる。
3日目…10ヵ国のカレーの作り方を比較した表を作る。
4日目…比較表を元に考察を書く。
5日目…最終チェックをして完成した企画書を上司に提出する。

解説

この練習課題は、まずレポートの完成品がイメージできるか、次にそこから逆算して、いつまでに何を調査するかを的確に計画できるかを聞いています。レポートの完成品が上手くイメージできなかったり、調査の手順や調査にかける時間配分がうまくいかないと、どこかに不備が出てしまうことがあります。

練習課題のような状況にうまく対応できるようになると、実際の職場でも、効率よく仕事が進められるようになると思います。

第5章

ワーキングメモリを鍛える

発達障害の人は、質問された内容に対してとんちんかんな返事をしたり、仕事で教えてもらった手法をすぐに忘れて怒られることがあります。

このような状況になる原因の一つには、ワーキングメモリがうまく機能していないことが考えられます。

第２章でも紹介しましたが、ワーキングメモリとは、作業や思考の最中に、一時的に記憶し保持する能力のことです。ここでは、ワーキングメモリの働きが弱いとどのようになるのか、そしてワーキングメモリを鍛えるための練習課題を紹介します。

ワーキングメモリの容量と働き

ワーキングメモリについては、第2章の発達障害を理解するためのキーワードの中で紹介しました。認知心理学で用いられる言葉で、作業や思考の最中に一時的に情報を記憶し、保持する能力のことです。複数の作業を同時に行う場合にも必要になります。

ワーキングメモリは、仕事、勉強、会話など、日常生活において欠かせない能力です。ワーキングメモリの容量には限界があり、あまり多くのことを記憶しようとすると端から忘れていきます。

発達障害の人の中にはワーキングメモリの領域が狭い人がいるといわれ、相手との会話がちぐはぐになるのは会話の一時記憶がうまくできていない場合があります。とくに、聴覚のワーキングメモリが弱く、耳から聞き取った情報が抜け落ちやすくなるようです。

また、ワーキングメモリの容量が少ないと、注意の切り替えがうまくいかないことがあります。たとえば、仕事で自分が決めていた予定が急に変更になると、軽いパニックになったり怒り出したりすることがあります。

ワーキングメモリが狭いと？

たとえば、上司から「昨日の昼頃は、どこを営業で回っていましたか？」と聞かれたとします。ワーキングメモリが機能していれば「○○商事に行っていました」と答えますが、ワーキングメモリの働きが弱いと「昨日の昼はかつ丼を食べました」と言ってしまう場合があります。

上司の質問に的確に答えるためには、「昨日の昼」「どこ」「営業で…」という3つの言葉を記憶し、そこから上司が求める回答を導き出して返事をする必要があります。

極端な例ではありますが、ワーキングメモリの働きが弱くて「昨日の昼」しか記憶できなかったとしたら、「昼にしていたことといえば昼ご飯」と返事をする可能性があります。

ワーキングメモリのコントロール術

ここでは、忘れ物が多く困っていたという、ワーキングメモリの弱点に対して、本人が工夫して補助グッズを活用した事例を紹介します。

相談事例　何をしようとしていたか頻繁に忘れる

私（20代　女性）は施設職員として働いています。人と話すのが好きなので、施設利用者と雑談をすることがあります。しかし、用事があって居室へ行ったにもかかわらず、利用者と話をして、そのまま用事を忘れて事務所へ帰ってしまうなど、たびたび失敗して怒られることがあります。

仕事があっても誰かに話しかけられると、何をしに来たかわからなくなり、頻繁に仕事を忘れてしまうため業務にも支障が出て困っています。

解説

彼女は明るい性格で、利用者からも気兼ねなく話すことができると評判のよいスタッフです。しかし、目的があって居室へ行っても、利用者と話をしているうちにその目的を忘れてしまうことが多く、自分でもなんとか改善したいと思っていました。

問題は、ワーキングメモリの働きの弱さのようです。ワーキングメモリをすぐに強くすることは、残念ながら期待できません。しかし、ワーキングメモリの弱さを補てんする方法は考えられます。

たとえば、ミニサイズのホワイトボードやメモ帳などを持ち歩き、居室へ向かう前には「検温」「シーツ交換」と書いてから出発します。こまめにメモを取り、急に、廊下で利用者と会話することになっても、その後ホワイトボードを見れば目的が思い出せるようにすることで、トラブルを減らすことができます。ワーキングメモリを補うためにタブレットやスマホなどのデジタル機器を活用している人もいます。状況に合わせて自分に合う方法を工夫してはいかがでしょうか。

ワーキングメモリを鍛える方法

彼女はこれまで、この仕事に向いていないのではないかと悩んでいました。しかし、利用者との会話は楽しいいし、利用者が元気になる姿を見ると心から嬉しくなるなど、この仕事にやりがいを感じていました。ですから、繰り返す物忘れをなんらかの工夫で改善して、仕事を続けたいと思っていたのです。

ミニサイズのホワイトボードなどでメモをとる方法は、ワーキングメモリを補てんするのに役立ちます。

彼女は、「今やるべきこと」をホワイトボードに書き、実行したら消すようにしました。仕事の優先順位の一番先にするべきことが、いつも目に入るため、周囲の人からも仕事がこなせているように見え、評価されるようになりました。

業務の中でできる工夫

ワーキングメモリを補てんできるグッズを活用しましょう。

●付箋作戦

パソコンのモニター画面の端に今日すべきことを付箋に書いて貼り付けます。重要な順に上から並べて貼り付けます。1番上から3番目まではピンクの付箋、4番と5番目は黄色の付箋、6番目以降は緑の付箋を使うなど、重要度を色分けすることでも視覚的に目立たせることができます。もしも優先順位が変更になった場合は、付箋を貼り換えます。

タブレット作戦

タブレットを持ち歩き、カレンダーで、スケジュールとやるべきことを一元管理しましょう。紙のメモは紛失する危険性がありますが、タブレットなら紛失の恐れが少なく、情報の書き込みと消去をまめに行うことができ、最新のすべき課題が可視化できます。

ホワイトボード作戦

タブレットを携帯できない職場や、短い時間でやるべきことを細かくこなしていく仕事の場合は、ホワイトボードのようなグッズのほうがシンプルで使いやすく、書き換えも簡単にできます。

練習課題④

今日は、10時にA商事、11時にB不動産、13時にC部品、14時にD開発を訪問し、16時までに本社に帰って会議に出席する予定です。

ところが、朝、電話がB不動産から入り、都合が悪くなったので午後に変更して欲しいと言われました。すぐにC部品に電話をして、時間変更をお願いしたら、10時であればOKと言われました。その後、A商事に電話をして、訪問時間を1時間遅らせてもらうことにしました。

問題1 **今日の訪問はどのような順番になったでしょうか？**

解答1 ①C部品（10時）、②A商事（11時）、③B不動産（13時）、④D開発（14時）、⑤本社（16時）

解説

この練習課題は、その日、決まっていたスケジュールの時間変更を柔軟にできるかがポイントとなっています。ＡＳＤの傾向がある人は、一度決まった予定を変更することに大きな抵抗を感じることがあります。もしかしたら、自分のこだわりのために、B不動産からの時間変更依頼の電話に対し、「できません」と答えるかもしれません。

職場では、相手の都合を考慮した柔軟な対応が求められるので、このような練習課題をこなしながら柔軟性を養っていきましょう。

ワーキングメモリの弱点を補う方法

ワーキングメモリが弱点だとわかったら、地道な努力と工夫で乗り切っていきましょう。

ワーキングメモリの弱点を補うには、主に二つの方法があります。

一つめは、日ごろから先ほど紹介したようなワーキングメモリを強化する練習課題などのトレーニングを行うことです。二つめは、ワーキングメモリを補てんする補助グッズを使用することです。

一つめの、ワーキングメモリを強化する練習課題としては、たとえば、言葉を五つ覚えたあとに算数の計算課題を行い、その後、覚えた五つの言葉を思い出すというような方法です。何かを覚えた後に別なことをして、その後、五つの言葉を思い出すという行為は、脳のメモ帳を多重に使っている仕組みで

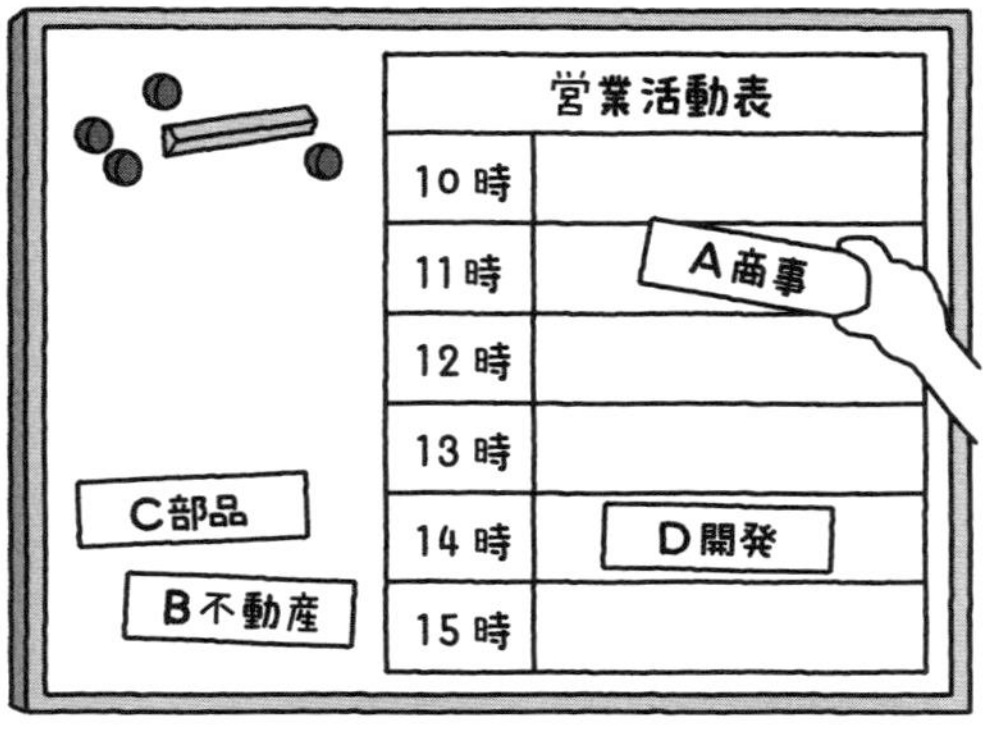

す。こうしたことがワーキングメモリを鍛えることになります。

ただし、ワーキングメモリを強化する練習課題を行っても、すぐに効果が期待できないことも多いので、その場合は、二つめの方法として、付箋、タブレット、ホワイトボードのような補助グッズを上手に使っていきましょう。このような工夫を行うことにより失敗が減ってくれば、落ちついて仕事に取り組めるようになり、自信がもてるようになるでしょう。

第6章

環境に適応するヒントは学生時代にあり

就職後、自分と価値観の違う人と仕事をしたり付き合ったりするなど、“苦手”に直面する機会が増えて、発達障害の特性や、抑うつ感があらわれる人がいます。このような人たちが、「学生時代に他者から指摘を受けたことはなかった」と言うことはよくあります。これはおそらく、“環境に適応できていた”からでしょう。

たとえば、学生時代は友達付き合いを最低限にとどめ、誰かとトラブルになったら関係を疎遠にしたり、アルバイトをするにしても、人間関係が複雑ではない職種を選ぶなど、自然と環境を選んでいたのです。ここでは、適応できていた学生時代の方法をヒントに、会社内で適応する力として応用する方法を紹介しましょう。

学生と社会人の「環境」の違い

会社で働いた経験がある人は、みなさん採用試験で、一般常識、適性検査、面接などで水準を満たした人たちです。

しかし、そのような人が社会人になって、発達障害があらわれたとしても不思議ではありません。学生時代の環境と社会人の環境は異なるからです。学生時代は苦手な友人とコミュニケーションを取らなくても平気だったかもしれませんが、社会人になると、苦手な人とでも仕事上付き合わなければならないことが増えます。学生時代は欠席や遅刻が大きな問題にならなかったかもしれませんが、会社には就業規則があり、就業時間内は働くことが決められています。学生時代は自分のペースで生活できますが、社会人になると会社のペースに合わせることになります。発達障害の人は、この〝自分のペース(環境)〟から〝相手のペース(環境)〟に合わせることが、苦手な人が多いようです。

ここでは、環境に適応できていた学生時代を検証しながら、〝相手のペース(環境)〟に合わせる、つまり〝会社の環境に合わせる〟方法を考えたいと思います。

軽度だと学生時代は顕在化しない？

発達障害が軽度であると、学生時代にその傾向があっても見過ごされていたという人は少なくありません。

たとえば、自閉症スペクトラム障害（以下、ＡＳＤ）の人の中には、成績がクラスで一番で、周囲の人から優秀に見られていたという人がいます。学生時代は成績さえよければ少しくらい変わっていても受け入れられる場合が多いので、本人は何も困らず、自信をもって過ごせていたのでしょう。

しかし、学生時代について話を聞くと、コミュニケーションに若干の違和感を感じていたり、みんなと意見が合わないけれど理由がわからずそのままにしていたなど、他の人には見えにくい困り感はあったようです。

それでもなんとか乗り越えてきているのは、生徒会長を務めていた時代は、副会長に実務を担当してもらっていたなど、周囲の人の支援を得ていたからでしょう。

現在、会社内で困難に感じていることがあったとしても、学生時代に実践していた方法を応用すれば、解決のヒントが見つかるかもしれません。

次に紹介する男性は、学生時代に優秀な成績をおさめ、希望の会社へ就職しました。しかし、多重課題が多い職場環境が合わず、学生時代に得意だった技術を活かして自営業を始めました。家族には「もったいない」と言われましたが、本人は今の仕事が気に入っています。

相談事例　ストレスの少ない環境を自ら選択する

私（30代　男性）は自営の仕事をしています。小学校、中学校、高校の成績はよく国立大学にストレートで合格し、大学時代は苦労することもなく、家庭教師やホームページ制作などのアルバイトをしていましたが好評で、口コミで依頼がくることもありました。

卒業後は希望の大手企業へ就職しました。しかし2年が経過した頃から頭痛や胃の不調があらわれて、ストレスから不眠になりました。

会社では、同時にたくさんの業務をこなさなければならなかったり、状況に応じて仕事の優先順位がコロコロ変わるため、頭が混乱するようになりました。上司からは「期待しているからがんばれ」と言われるのみで、何をどうがんばったらよいかわからなくなり体調を崩してしまったのです。自ら心療内科を受診したところ「適応障害」と診断されました。

「適応障害」はうつ病と同じような抑うつ感、食欲低下、不眠などが出現するストレス性の疾患です。主に、部署の仕事内容への不適応、部署の人間関係への不適応、役職への不適応などが見られます。

このままでは自分がダメになると思い、退職して、自営での商売を始めました。自分のペースで仕事ができるようになったため、これまでのような焦りもなくなり、毎日楽しく仕事ができています。

解説

彼は在学中に生徒会長を務めるなど、優秀で自信をもって生きてきました。しかし就職し、環境が変わると、頭痛や不眠といったストレス反応が出現しています。とくに、優先順位が変わったり、複数の仕事を同時進行したりするなど、発達障害の人が苦手とすることが増えだした頃から不適応が顕著にあらわれています。転職後、自営業に切り換えてからは不適応感が消滅し、元気に仕事ができるようになりました。

「環境」の一番の要素は「人間関係」

発達障害の人の中には、学生時代は自分が主体となって過ごしやすい環境を作ることができたため、苦手なことは友人が対応してくれたり、嫌なことはしないという、一見わがままに見えるやり方でも周囲が容認してくれたという人は多いものです。

しかし、会社に入ると組織が主体となるため、嫌なことでも会社の決まりに合わせなければならず、これまで経験したことのない新たなストレスを感じることになります。もともと思い通りにいかないことを我慢するという経験が少ないことから、新しい環境への適応するハードルが高いと感じる人もいます。

環境への適応がよい人を見ると、自分がわからないことを聞ける先輩がいたり、謙虚な態度で上司にお伺いを立てるなど、周囲の人が「教えてあげてもいいかな」と思えるような行動をしています。

しかし、発達障害の人の中にはもともとコミュニケーションが苦手という人も多く、わからないことを聞くときでもぶっきらぼうに用件を質問するのみだったり、表情が硬かったりします。「環境」とは何かというと、一番の要素は人間関係でしょう。ストレスのない人間関係を作ることが環境への適応の第一歩だと思います。

相談事例 「自分の強み」がいかせる仕事を選択した

私（40代　男性）はゲーム制作会社で働いています。学生時代はゲームが好きで、新しいゲームを買ってくるとクリアするまで何時間でもそのゲームを続けていました。1回クリアすると、次はもっと効率よく進むやり方がないかと考え、いろいろなパターンを試しました。ゲームに関してはとても研究熱心だったと思います。

そのうちゲームの仕組みが見えてきたり、他の人が思いもつかない進め方が頭に浮かんだりするなど、楽しくて仕方がないと感じるようになりました。そして今は、会社でゲームを作ることが仕事です。

解説

彼は、学生時代に、興味をもったゲームの仕組みを考えたり、独自の攻略法を考えるなど、そのゲームを極めるまでプレイしていました。ゲームをプレイしていると楽しくて仕方がなかったようです。自分の経験やアイディアを反映させることができるゲーム制作の仕事は合っていました。現在も、好きなことを仕事として続け、楽しく働いています。

学生時代までは適応できていた理由

会社員から自営業に転身した男性の学生時代を分析してみましょう。彼は、中学校、高校時代にそれぞれ生徒会長を務め、生徒会の行事の際はリーダーシップを発揮して全校生徒を動かしました。その行動力が、なぜ仕事で活かせなかったのでしょうか。

本人に聞くと、生徒会長をしていたときは、副会長や会計という実務チームが率先して行事の企画書やタイムスケジュールを作ってくれたため、自分は出されたものにＯＫを出すだけでよかったそうです。つまり、自分はアイディアと許可を出すだけで、あとは優秀な実行部隊が全部をやってくれていたというわけです。

家庭教師などのアルバイトも、生徒や依頼人と一対一で行うため、人間関係は複雑ではなく、教えることも得意でしたので問題が起きませんでした。つまり、彼の場合は、生徒会長や家庭教師なども、少しの社会性があれば完璧にこなせたというわけです。

気持ちを切り替える方法

発達障害の人の中には　学生時代はヒーローのように活躍していたけれど、その当時から気持ちの切り替えは苦手だったという人が多いように思います。ゲームを始めると止められなくなったり、周囲の人から嫌なことを言われると、その言葉が頭から離れなくなり不眠が続いたという人もいます。自分の頭の中で止めようと思っても、それは難しいようです。

そんなときにお勧めしている方法は「この店のラーメンを食べると元気になる」というような店を作っておいて、嫌なことがあったらそのラーメン屋さんに行って気持ちを切り替えることです。ラーメン屋さんまで行くという〝行動〟と、好物のラーメンを〝食べる〟という二つを実行することで、頭の思考を強制的にラーメンに向けるテクニックです。

会社という舞台で実力を発揮させるために

発達障害の人が会社で不適応を起こす原因の一つは、「苦手なことが多すぎる」ことではないでしょうか。場の空気が読めなかったり、相手の気持ちを察することができないため、1人だけ置いてきぼりになって孤独を感じます。学生時代は成績が優秀で、自分が学校の中心的存在だった人からすると、この屈辱感はつらいことでしょう。

しかし、すぐに空気が読めるようになるわけではありません。空気を読むということは、発達障害の人でなくても難しい場面も多く、皆、試行錯誤していくしかないのです。

それではもどかしく、些細なことでも変えていきたいという気持ちがある人でしたら、すぐに取り掛かれることとして、業務の周辺領域に着目することをお勧めします。簿記の資格を取ったり、TOEICで英語のスキルを上げたりするなど、明日行う業務に直接的に関係がなくても、資格取得や得点が得られるものは、結果が明確に出るのでチャレンジしやすいと思います。よい結果が出れば、それが自信となります。

発達障害の人は、苦手なものを克服するために努力するよりも、得意なことを深めていきながら苦手なものも底上げしていくほうが、よい方向に向かうと思います。

第7章

発達障害かもしれない社員と職場がwin-winの関係を作るコツ

発達障害の傾向がある人に対して、周囲の人はどこまで求めてよいものでしょうか。基本的には、就業規則に照らして、社員としての努力義務は果たしてもらうことを望み、給料分の仕事量を期待したいところです。

しかし、発達障害の人はストレスへの対処が上手ではないことも多いので、もしも、ストレス反応があると感じたら産業医の受診を勧めてください。

会社としても歩み寄る姿勢を見せながら、本人にも努力してもらうことで、互いがwin-winの関係になることを目指します。

発達障害の人の努力を可視化する

発達障害の社員と職場、この双方がｗｉｎ－ｗｉｎの関係になる方法とは、どのようなものでしょうか。これまで筆者が実践して、成功した手法をお伝えしましょう。

❶メンタルヘルスの不調になった原因に、発達障害の可能性があると思われる場合は、発達障害の人に対する支援原則（発達障害の人を変えるより周囲が合わせたほうが短期間で適応がよくなる）に従って、一度、発達障害の人の希望に寄り添う対応を行う。

❷周囲の人が発達障害の人に合わせるには限界があるため、発達障害の人に現状を伝え、どこまで周囲に合わせることができそうか話し合いをする。

❸発達障害の人が、自分自身で考え、周囲に合わせようとする努力目標を提示してもらい、見守りながら支援を継続する。

❸のように、発達障害の人が努力する姿勢が見えると、周囲の人々の不満は減少していきました。発達障害の人の努力を可視化させることは、ｗｉｎ－ｗｉｎの関係を築くコツです。

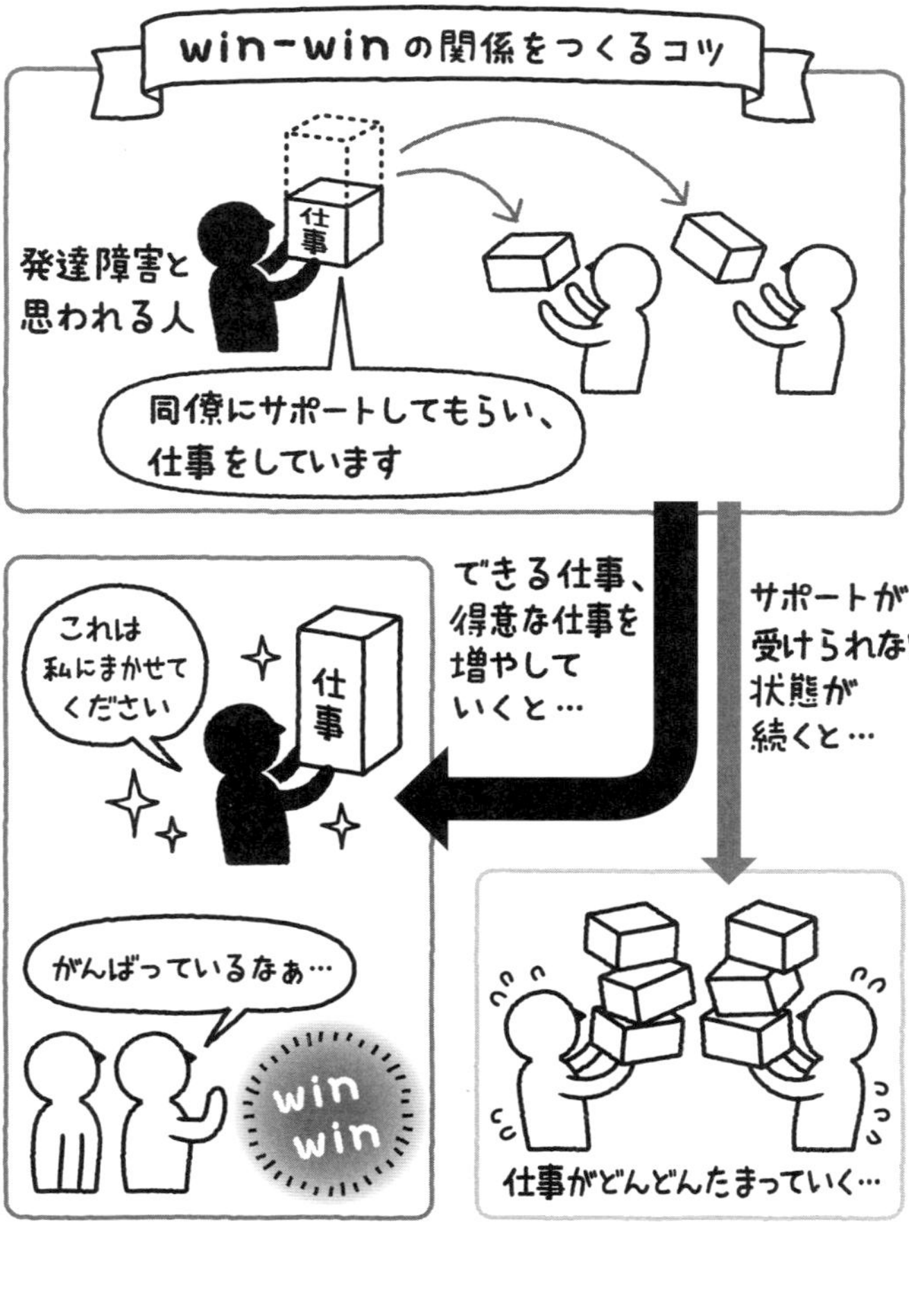
win-winの関係をつくるコツ
発達障害と思われる人
仕事
同僚にサポートしてもらい、仕事をしています
できる仕事、得意な仕事を増やしていくと…
サポートが受けられない状態が続くと…
これは私にまかせてください
仕事
がんばっているなぁ…
win win
仕事がどんどんたまっていく…

問題を取り除き、できる仕事を増やしていく

ここでは工務店に勤務する男性の事例を紹介します。彼は、商品カタログの内容がすべて頭に入っていて、お客様に商品をわかりやすく説明することができます。しかし、見積書を作るのは苦手です。小さい会社なので1人で全て担当しなければいけないため、本人なりに努力を始めました。

相談事例　カタログをすべて暗記していて説明は完璧。しかし、見積書の作成がとにかく遅い

彼（30代　男性）は小さな工務店で働いています。この工務店は、家のリフォームが得意で、風呂場、洗面所、トイレなどの水回りを専門としています。実際にお客様の家を訪問し、希望を聞きながらカタログから気に入ってもらえるバスや便器などを提案して見積書を作ります。

彼は、3年前にこの工務店に採用されました。面接の時はやる気満々で、社長もずいぶん期待したようですが、1ヵ月も経つとお客様とトラブルを起こし、何か違和感を感じたそうです。彼はカタログをすべて暗記していて、記憶力がよくお客様からの質問には完璧

な回答ができるため、その点では信頼も厚く契約件数も多いです。

ところが、見積書を出すのが極端に遅く、ある時、お客様を2ヵ月も待たせたために大きな苦情が出たこともあります。記憶力が優れている反面、見積書の作成が極端に遅いという特性から自閉症スペクトラム障害（以下、ASD）かもしれないと思いました。

解説

見積書の作成が極端に遅いのは、サービス業として致命的です。2ヵ月も待たせたら、お客様はリフォームをする気が失せてしまうかもしれません。

そこで私は、発達障害の人に対する支援原則に従い、見積書は同僚に担当してもらい、彼には営業に専念させることを提案しました。彼はカタログをすべて暗記していて、お客様からの質問に完璧な回答ができるため、分担が上手くいけば売り上げが伸びて、一石二鳥になると考えたからです。期間は6ヵ月に限定して、不具合が生じた際は見直しすることにしました。

この方法を実施してみたところ、6ヵ月の間にお客様の希望がコロコロ変わり、見積書の作り直しが頻繁に発生しました。見積書の作成を支援の意図で担当していた同僚が疲弊してしまい、不満が出現しました。

このことから、小さな工務店での分業は、予想以上に周囲への負担が大きいことがわかりました。そこで私は、彼に二つめの提案をしました。

「小さな工務店で営業だけを担当することは、同僚の負担が大きすぎます」と率直に伝え、彼にも見積書の作り方を覚えてもらうことをお願いしました。彼が自分で見積もりまでを担当し、できないところを周囲の人が支援する方法です。

彼には、苦手なことを避けて通りたいという気持ちがありましたが、社長が見積書の効率的な作り方を教えることになり、しぶしぶチャレンジをする気になりました。

結果

私が見積書の完成が遅くなる理由を聞いたところ、彼は「全く同じ商品だったり、同じ内容の工事ならば、前に出した見積書を参考にできるのですが、少しでも内容が異なると一から調べ直すため時間がかかってしまいます」と答えました。

つまり、似たような工事でも、全く同じでなければ別物と認識をしてしまう思考の硬さが本人を苦しめていたのです。これに対し、社長が一緒に見積書の作成に使えるデータベースを作ってくれました。その結果、彼は少しずつ見積書の作成が早くなりました。

苦手なことは一つずつ取り去って、二段構えでスキルアップ

見積書の作成が遅かった男性の、その後の状況を紹介しましょう。

彼は、見積書作成用のデータベースをこまめに更新しながら、自分が使いやすくなるように努力しています。パソコンの操作は得意ですので、カタログをスキャンして写真を入れたり、自分が手掛けたリフォームの写真を入れるなどして、視覚的にもイメージしやすくなっています。

ASDの特性がある人は、視覚的な情報（写真など）から必要な情報を得ることが得意なのです。時間がかかっていた見積書の作成は数日で完成できるようになりました。

そしてもう一つの課題である値引きについて、改めて彼と話をしました。彼は「実は、一番困っていたのは値引きのことでした。マニュアルがあってないようなものなので、どこまで値引きしていいか、いくら考えても答えが出せず、時間だけが過ぎてしまっていたんです。社長から『最終の値引きは上司が決めます』と言ってもらえて、一気に楽になりました」と言いました。

ASDの特性がある人は、「値引き」のような曖昧なものが苦手です。第一段階は不適応になることを予防して社長が「曖昧な値引き」を決める部分を引き受けましたが、いつまでも社長頼みというわけにはいきません。

数ヵ月後、社長から彼に「見積書の作成が早くできるようになったので、値引きにもチャレンジしてみよう」と持ち掛けました。彼は、最初は抵抗していましたが「わかりました、やってみます！」と前向きに取り組むことを約束してくれました。

職場で、苦手なことを複数抱えてしまうとストレスがたまり、人によっては心が折れて、退職にまで至るケースもありますので、対応には十分な配慮が必要です。

そのため、まず最初の段階で、「値引き」という、彼が一番苦手とする仕事を取り去ってあげることで、彼は二番目に苦手な見積書の作成に取り組む気持ちになり、実際に自分で見積書を作れるようになりました。

これで自信がつけば、今度は一番苦手な「値引き」もできるかもしれないと思えるようになり、よい循環が生まれます。このような二段構えで行うスキルアップ術は、時間がかかりますが、社員の成長を考えたやり方として有効だと考えます。

本人に病識がない場合は？

発達障害かもしれない人の中には、プライドが高く自分を客観的に見ることが苦手なため、職場で不適応になった場合はその原因を上司や同僚のせいだと思う人がいます。人間は、内省（反省）力が働いて、はじめて次の適応行動の修正ができます。内省まで進めていないと、行動を修正するのに時間がかかります。

仕事上のことで苦情がきた場合、周囲の人は、発達障害の人を一方的に怒るのではなく、まずその出来事をどのように「受け止めているか」を聞いてみてください。その受け止め方が「内罰的」か「外罰的」かで対応を決めましょう。

「内罰的」な場合は、自己反省ができるため、次に同じ失敗をしないための改善策を本人から提案してもらい、それを実行してもらえばよいと思います。

「外罰的」だった場合は、感情的になるばかりか、改善する気持ちが起こらずに、同じ失敗を繰り返す可能性があります。そのため「外罰的」の場合は、会社としての適応行動をマニュアルで渡すほうが早いでしょう。「今度、同じようなことがあった場合は、このマニュアル通りの対応をしてください」と言えば、上司に対して感情的にならず適応行動が取れるのではないでしょうか。

水準に満たない仕事をする社員との労使関係は？

正社員で採用して中堅になる年齢にもかかわらず、新入社員と同じ仕事しかできない人がいるのは、会社としても負担が大きいでしょう。

本人に努力をする気があれば、周囲も包容力をもって見守る気持ちになれますが、そうでない場合は、周囲からの不平も出て、組織自体の生産性に影響が出る場合があります。

アメリカには、「損失計算」という考え方があります。労働者の給料分の働きができていなければその分の差額は会社の損失と考えますし、それをカバーしている周囲のストレスは追加の損失であると考えるのです。

基本的には、採用した者の責任として、社員が水準を満たす仕事ができるようになるための支援を行ったり、その人が適応できそうな部署に配属してみる必要があると思います。しかし、それでも本人の力量が水準に満たない場合は、お互いが不幸にならないように何か別の手立てを講じることが必要ではないかと思います。

たとえば、病院で、常勤の正社員は夜勤が必須という条件のもとに採用された看護師さんがいるとします。

本人は、ＡＤＨＤの特性があるかもしれないと薄々感じていましたが、生活のためにがんばるつもりでした。しかし、夜勤時にナースコールが鳴り続けたり、複数の患者さんへの対応が重なると何から手をつけてよいかわからずパニックになり、疲弊しました。病院の人間関係はよかったため、働き続けたいという希望はありましたので、本人の希望により正社員から非常勤のパート社員に雇用変更し、外来で日勤だけを担当することで落ちつきました。

このように、本人の希望に沿って雇用形態を変更することで業務軽減がスムーズに行われ、お互いがｗｉｎ－ｗｉｎになった例があります。

待遇・部署を変えてもよいか？

第6章でも説明したように、発達障害の可能性がある社員の中には、学生時代は困ることが少なかったものの、社会人になって、会社のルールや職場の人間関係に適応できず、苦労している人が多いように思います。ストレスから胃潰瘍ができたり不眠になる人もいます。発達障害の二次障害として「適応障害」になる人もいます。「適応障害」はうつ病と同じような抑うつ感、食欲低下、不眠などが出現するストレス性の疾患です。主に、部署の仕事内容への不適応、部署の人間関係への不適応、役職への不適応などが見られます。

かつての職場復帰支援は、「現職復帰」が基本でした。部署を変えると新たな人間関係を築かなければいけないため、それよりも、慣れた部署に復帰するほうがストレスは少ないと考えられていたからです。

しかし、パワーハラスメント（以下、パワハラ）などを受けて適応障害になり、休職した場合、同じ部署に戻ると再び同じ状況に陥る可能性が高いので、部署を異動して復帰させるほうが望ましい場合があると考えられています。

発達障害の特性をもっている人の場合も同様です。かつての部署で感じた嫌な記憶、ストレスを消せないでいることもあり、可能であれば本人と相談して適応できそうな部署へ異動させることをお勧めします。

ただし、その際の条件として、いつまでも居心地のよい部署に置くわけにはいかないことを伝えてください。新しい部署に慣れたら、次にどこの部署や待遇になったとしてもやっていけるよう、ストレスのセルフコントロール力を上げる努力をすることも約束してください。

周囲の人はどこまで支援すればよいか？

仕事をする上で、場の空気を読んだり、相手の気持ちを考えたりすることは必須条件です。しかし、発達障害の人は、脳の機能不全によって、それらがうまくできないため、周囲の人が予期しないような突拍子もない行動に出ることがあります。職場での対応に苦慮することでしょう。

職場でできることとしては、まず、発達障害について正しい知識をもつことです。

次に紹介する女性は、責任のある仕事が1人でできません。職場では、同僚にフォローしてもらう体制を作りましたが、彼女が都合よく同僚に仕事を押し付けるようになったため、職場内の不満が大きくなりました。

相談事例 自分勝手な仕事のやり方に周囲からは不満が噴出

彼女（20代　女性）は、興味があるものへのこだわりが強く、社内資料を作らせると、きれいなグラフを作ることに熱中して、他のことを一切やらなくなります。しかも、一つのグラフ作成に何時間もかけ、上司が出張で不在であるのをよいことに勝手に残業をしていました。

翌日、上司が彼女に「グラフ作成だけの残業は認めない」と注意すると、彼女は部屋を飛び出し、労働組合へパワハラの訴えをしました。

解説

彼女の日常を紹介します。

彼女は、ＡＤＨＤとＡＳＤの特性を併せ持っており、上司から指示されたことをよく忘れてしまうそうです。先日は、コピー用紙の注文を忘れて、コピー機が使えなくなり同僚に迷惑をかけました。しかし、本人は平気な様子です。

また、気分のむらがあり、気がすすまない仕事を後回しにして、1ヵ月も放っておいて大騒ぎになったこともあります。

彼女にはまだ1人で責任をもって任せられる仕事がないようです。また、社会人としてのモラルに欠けるところがあるようです。そこで、私から次の二つの方法を提案しました。一つめは発達障害の人に対する支援原則に従って、同僚に彼女とペアを組んでもらい、フォローしてもらう体制をつくりました。ところが彼女は、それをよいことに、彼女は同僚に仕事を押し付けて自分は何もしなくなりました。当然、ペアを組んでいる相手や周囲からも苦情が噴出しました。

二つめは、上司からの指示を完遂することです。彼女は、興味があることは細部にまでこだわりがありますが、興味がないことは一切やりたがりません。いわゆる「100か0」「白か黒」の思考です。

周囲の人は、給料をもらって仕事をしている以上は、苦手なことに対しても努力をしようとしますが、彼女は理性や社会性が低いようで、苦手なことには取り組もうとしません。それでは職場の求める水準を満たしていないことを伝えなくてはなりません。

そこで私は、彼女を社会人として成長させる方法を考えました。彼女に、「今日からは上司からの指示をそのつど完遂してください。指示された業務ができたら上司に報告し、チェックを受けてください」と伝えました。

結果

彼女はしぶしぶながら、上司から指示されたことは実行し、きちんと報告ができるまでになりました。「上司から指示を受ける」↓「実行する」↓「上司に報告する」というパターンを体で覚えると、勝手なことで時間を使うこともなくなり、業務を怠ることも減り、スムーズに実行できることも増えてきました。

発達障害の人の困り感を解消すれば戦力になる

前出の女性は、自分からは職場の人の輪に入ろうしませんでした。また、やりたくない仕事は投げ出す危険性があるので、安心して仕事を任せられません。そのような人に、どのような働き方を求めたらよいのでしょうか。

彼女の振る舞いに対して周囲の人が疲弊していても、本人はあまり困っていないという、周囲にとって理不尽な状況が長く続くと、職場は崩壊する危険性があります。

周囲の人の「困り感」と本人の「困り感」には大きなズレがあることが多いものです。まずは、上司が本人の困り感を聞き、職場として改善できることがあれば、改善を目指していきましょう。これは、本人のわがままを聞くということではなく、本人が孤立感や疎外感を持っていることが多いため、まず、職場の輪に入れる努力をするための手法です。

次に、周囲の人たちの困り感の中で、一番困っていることにターゲットを絞り、「あなたが困っていることを一つ改善しますので、あなたも周囲からのクレームを一つ改善してください」と促します。職場運営では、お互いが歩み寄ることで戦力に変えていくことがよいと考えます。

どこまでサポートすべきか？

社員が守るべき就業規則の多くには、「上司の業務命令にそって一所懸命働くこと」という内容が明記されています。発達障害の傾向がある人は、案外そのことを知らない場合があったり、知っていても上司の命令が不当だと感じている場合があります。

すると、業務命令を無視してもよいと、自分の中でルールを勝手に変更してしまいます。そのため、周囲の人は、トラブルが起きた際は就業規則を持参して、「社員として守るべきことは守ってもらいます」ときっぱりと伝えましょう。

ただし、会社が守るべき義務には、安全配慮義務があります。これは、業務を通じて社員がケガや病気をしないように配慮するものです。

発達障害かもしれない人は、周囲の人が耐えられる職場ストレスでも、それが引き金となってメンタルヘルス不調に陥るリスクをもっています。メンタルヘルスの一次予防として、周囲の人に対する以上に注意してあげてください。

発達障害の人の要求にどう応えるべきか？

第3章でも述べた通り、我々は、視力がよいときはメガネをかけなくても日常生活ができますが、視力が落ちてくるとメガネやコンタクトレンズを使用しないと外へ出て買い物にも行けません。逆に言えば、メガネやコンタクトレンズがあれば問題なく日常生活を送ることができます。

発達障害の人はどうでしょうか？　場の空気を読んだり、相手の気持ちを察することが苦手なために、仕事でお客様との関係がうまくいかないのだとすれば、本人は、お客様と接する仕事から外して欲しいと思うでしょう。しかし、そもそもの雇用契約がお客様対応をする仕事であれば1人だけ免除をすると職場に不公平感が出てきます。

こういう場合は、視力が落ちたときに用いるメガネやコンタクトレンズと同じで、不足している機能をカバーする支援があればよいのではないかと思います。

たとえば、会社でよく起こるお客様とのやり取りをきめ細かくマニュアル化して対応できるようになれば、空気が読めない人でもそのマニュアルをもとにお客様対応が上手にできるようになります。少しずつ対応できることが増えれば、本人も自信がつくでしょう。

タイプに応じてコミュニケーションの方法を工夫する

これまで述べてきたように、発達障害の人とのコミュニケーションは、基本的に周囲の人が合わせるほうが早く解決すると考えられています。発達障害の傾向がある人は、こだわりが強く、柔軟な思考が苦手なので、「周囲に合わせろ」と言うだけでは何も改善しません。その結果、柔軟な思考ができる周囲の人が折れる形になります。

しかし、周囲の人が発達障害の人に合わせることにも限界があります。周囲の人は、まず職場にいる発達障害かもしれない人の特性を知るところから始めましょう。

第1章で説明したように、ＡＳＤのタイプなのか、ＡＤＨＤのタイプなのかによってもコミュニケーションの方法は違いますし、工場勤務なのか事務職なのか、仕事内容によって、でも異なります。また、性別や年齢によっても特徴があるでしょうから、それらを加味した上で、どのようなコミュニケーションの手段が有効な人なのかを考えていきましょう。

また本人には、今、手が空いていると思われる上司に対して「今、ご相談してもよろしいですか？」と枕言葉をつけてコミュニケーションを取る技術などを知ってもらいましょう。どちらか一方が努力するのではなく、お互いが歩み寄る姿勢が大事だと思います。

環境づくりの工夫

発達障害の人は、職場の中で困ることが少なかったり、周囲にフォローをしてくれる人がいる環境では適応できます。その一方で、困ることが多くて誰もフォローをしてくれない環境だと適応できず、ストレスから精神疾患に移行することがあります。

メンタルヘルス不調の一次予防の視点からすると、発達障害の傾向がある人は、本人の中でのこだわりが強かったり、落ちつきがなくトイレに何度も行くなど、少し変わった行動が目立つかもしれませんが、それはその人の特性であり個性だと容認し、メンタルヘルス不調に陥らせないことが大切だと思います。

とくに、困っていることに工夫しながら、改善できることがあると思います。たとえば、第2章のように、聴覚過敏のため、電話のベルの音が拡声器を通して聴こえているような場合に、電話のベルの音量を下げたり、席を電話から遠くに離すというようなことです。これで万事解決！というような画期的な改善法はなかなか見つからないかもしれませんが、職場のみんなが発達障害の人と共存しようとする姿勢が大切だと思います。

win-winの事例

発達障害の人は、仕事を行う上で他者にはあまりわからない困り感があります。

次の事例は、本人に発達障害の自覚が芽生え、そのことを上司や同僚に相談できたことで、周囲が具体的に何を支援したらよいかがわかり、お互いにwin-winの関係になれた事例です。

相談事例 集中できる環境づくりに成功

部下（20代　女性）のことで相談があります。彼女にはADHDの傾向があるのではないかと思っていますが、確証はありません。ADHDではないかと思ったのは、机の上が片付けられないことと、パソコンに向かって仕事に集中していられる時間が短く、いつもトイレや自動販売機の辺りをウロウロしているからです。

部署は全員で24名。8名ずつが机を並べ、いわゆるひとつの島を作っています。彼女は机に座って仕事をするのかと思うと、キョロキョロして、周囲の人間観察を始めているように見えます。夕方になると、ほとんど仕事ができていないことに気づくようで、そこから慌てて仕事に取り掛かり、いつも残業になっています。

解説

上司が彼女と面談をしたところ、彼女は周囲の人の行動が気になって仕事に集中できないでいることがわかりました。

そこで上司は次のような提案をしました。机の上で使う、三方を囲む目隠しのボードがあることを伝え、職場の許可を得て試してもらうことにしました。姿勢をよくすると周囲が見渡せますが、視線を落とすと隣の人の行動は全く見えず、気が散ってしまうことが減ったのでパソコン作業に集中できるようになりました。

結果

これまでは、彼女が机に座って仕事をしようとしても、周囲の人の行動が気になってしまい集中できずにいましたが、目隠しボードのおかげで、隣の人を見る視界が物理的に遮られ、集中できる環境になり結果的に残業が減りました。

相談事例

課題は残しながらも希望が見えてきた

イベントの企画を5人チームで行っています。その中の1人（40代　男性）がASDの傾向を自覚しています。いつもチームで完成場面を想像しながら進めていますが、彼だけイメージが共有できないようで、的外れな質問が多くて困ります。

解説

的外れな質問でも、斬新なアイデアだと受けとめ尊重しながら、認識のズレを修正しつつ別な提案をしていきましょう。

結果

先日は彼の質問からおもしろいディスカッションとなり、新たな構想が生まれ、新規プロジェクトを立ち上げるような大きい案件に発展しました。これにより、彼の株が上がりました。その後、ASDの傾向がある彼は、あいかわらず、同僚とうまく噛み合わずに苦労しているようです。しかし、細かいことに目が行くので、本当に新鮮な問題提起があり、そうしたことをきっかけによい味を出しつつあるようです。

相談事例　**趣味仲間ができてコミュニケーション力が上がった**

部下の介護職の職員（30代　男性）について相談します。

彼は、ＡＳＤの傾向があるのではないかと思うことがあります。具体的な出来事としては、食事介助の時、いつも1人の利用者に付きっきりで、複数の利用者の世話ができないことです。主任から「人手が足りないんだから、複数の人に食事を食べさせてあげたり、場の空気を読んでお茶を配ったりしてよ」と注意していましたが、その男性の行動が改善されることはありません。

解説

上司が面談してわかったのは、彼は、もともと不器用な性格で、何事も一つずつしか仕事ができないということです。学生時代には実習でつまずき、介護職としての適性がないことも自覚していたようですが、他の職種で就職する自信もないので今の施設に就職したそうです。自分でもＡＳＤではないかと思うところがあるそうで、何事にも自信がなく、仕事で怒られると抑うつ的になると話していました。

複数のことを同時に進行するのが難しい人だということがわかりましたので、無理をさせると精神疾患に陥る可能性があると思い、できることを段階的に一つずつ増やしていく方法を提案しました。

また、自信がもてないまま仕事をしていたようですので、発散が必要だと考えました。彼の趣味はバイクと聞いたので、休日はバイクに費やす時間を作るよう提案しました。

のちに、彼から報告がありました。ある日食堂で、バイクが趣味である話をしたところ、ここの施設には他にもバイク好きがいることを聞き、「次の日曜にツーリングの予定があるので一緒に行かないか」と誘ってもらって、参加したそうです。ツーリングの時は仕事の話もせず、バイクの話で盛り上がり、「それ以降、職場でツーリングのメンバーに会うとあいさつもしてくれるし、バイクの話で会話がはずむようになりました」と、うれしそうに話してくれました。

彼は、バイクの知識ではマニアックな詳しさがあるため、同僚から一目おかれる存在となっているようです。職場で会話ができる人も増え、最近は少し自信がついたようです。

ＡＳＤの人は、自信がつくとこれまでの不調はなんだったのだろうか？　と思うくらい環境に適応することがあります。今回は、バイクがよいきっかけになりましたが、職場の中で自信のもてるものを見つけることができれば、同様の効果が出る可能性があります。

相談事例

ＡＳＤを自覚したことで周囲に助けを求められるようになった

彼女(30代　女性)は、学生時代から周囲の人とはなんとなく違う気がしていたそうです。「最近になって、インターネットで見つけたＡＳＤのチェックをやってみたところ、高い点が出たので気になった」と話していました。

とくに、「仕事に対するやる気はあるにもかかわらず、具体的に指示をされないとわからない」「適当にやっておいてというような指示は苦手」というような内容が当てはまったようです。これまで、自分の努力が足りないのだと思い、退職まで考えたそうですが、ＡＳＤかもしれないことがわかったため、専門家に相談する気になったそうです。

解説

ＡＳＤかどうかは自己チェックだけでは判断できず、病院で診断をしてもらわなければわかりません。しかし、社会に出て働く上では自分の得意、不得意を理解しておくことは役に立つでしょう。可能であれば、自分が苦手な部分は同僚に助けてもらいながら仕事を続けていきましょう。

結果

彼女から「できないことをがんばるのではなく、できないことを自覚し、そこを同僚に助けてもらうことにしました」という報告がありました。たとえば彼女は、「生産調整のため、この商品は適当なところで切り上げてください」という指示の、「適当なところ…」がわからず悩んでいました。そのことを同僚に相談すると、「私が切りのいいところになったら声をかけるから、それまでこの商品を作り続けて」と言ってくれたそうです。

そもそも、彼女は、学生時代からなんとなく自分に違和感を感じていたようですが、親や先生から指摘されることなく普通に生活してきました。入社後は、仕事の中で曖昧な指示がわからずに困っていましたが、自分の努力が足りないのだと思い込み、悩んだそうです。そんな時に、たまたまインターネットで見つけたＡＳＤのチェックで、ＡＳＤの傾向に気づきました。違和感の原因がわかったことで、弱点を自覚するようになり、その結果、他者に助けを求めることができるようになったのです。

自分がＡＳＤかどうか、心配な時は専門医を受診して相談しましょう。

相談事例

家族の対応が職場への適応支援となった

私（30代　女性）は、雑貨店で働いています。これまでパートでいろいろな仕事に就いたものの、途中で飽きては転職するということを繰り返してきました。

今、働いている雑貨店は、店長がやさしいことと、お昼以外の時間はそれほど忙しくないのでなんとか仕事が続いています。しかしときどき、仕事でミスをすることがあります。先日も外で水まきをしていたのですが、店長に呼ばれて店に入るときに水道を閉め忘れて怒られました。

一番困っていることがお客様とのコミュニケーションで、会話が苦手なうえに、冗談やことわざを言われると意味がわからず固まってしまいます。自分がＡＤＨＤの傾向があることは自覚しています。何か対応方法はありませんか。

解説

毎日、いろいろなお客様に対応していれば、内容が理解できない冗談やことわざ、慣用表現が会話に登場すると思います。その内容を覚えておいて、家に帰ってからご家族に聞いてみるのはいかがでしょうか。理解できるフレーズが増えていくと、より接客しやすくなると思います。

結果

先月、彼女は、学生時代からお付き合いをしていた男性と結婚しました。彼は彼女にADHDの傾向があることを理解してくれているそうです。

現在、彼女は家に帰るとその日の出来事を聞いてもらい、お客様との会話で出た冗談やことわざなどについて、彼に解説してもらうそうです。彼は彼女の性格や困難感をよく知っているので、わかるように説明してくれ、また状況からそのように言った意図なども一緒に考えてくれました。

毎夜、彼の解説を聞いているうちに、彼女は知識が増えていきました。最近では、その知識がお客様との会話の中で応用できるまでに成長しています。

この事例は、結婚により自然なかたちで職場への適応支援が行われるようになったという例です。

あとがき

近年は、時代の変化とともに職場環境が大きく変わってきました。かつての「見て習え」は通用しなくなり、若い世代の育成に悩む年配者も増えているようです。しかしコミュニケーションのすれ違いは、世代間のギャップだけでは説明できない場合もあります。

そんななかで、職場で目が向けられるようになったのは「発達障害」です。程度の違いこそあれ、発達障害の特性を持つ人は一定割合いることがわかってきました。そしてその特性によってトラブルを生じたり、職場環境および職場の人間関係によるストレスから職場不適応となったり、新たな課題が生まれています。

発達障害かもしれない人とのカウンセリングでは「場の空気を読み間違えて孤立した」とか、「机の周りを片付けることが苦手で怒られた」といった、発達障害の特性とも思える〝困りごと〟が不適応の原因となっていることをよく聞きます。

こうしたことへの対応としては、発達障害の人に対する支援原則（発達障害の特性がある人を変えるより、周囲が合わせたほうが短期間で適応がよくなる）に従って、一度発達障害の人の希望に寄り添う対応を行い、次に発達障害の人にも自分自身で考えて周囲に合わせる努力目標を提示してもらうことがよいと思います。

そうしたなかで発達障害の人の努力目標を可視化させることで、周囲の不満も減少しｗｉｎ－ｗｉｎの関係を築くことができると考えます。

本書の目的は、あくまでも発達障害の人および発達障害かもしれない人と会社がｗｉｎ－ｗｉｎの関係を築けるようになることにあります。

本書で紹介したことがそのヒントになれば嬉しく思います。

谷原　弘之

参考文献

文部科学省『発達障害者支援法』
http://www.mext.go.jp/a_menu/shotou/tokubetu/material/001.htm

日本精神神経学会 (監修)「DSM-5 精神疾患の診断・統計マニュアル」
医学書院　2014 年

日本発達障害連盟 編　『発達障害白書 2017 年版』
明石書店　2016 年

福西勇夫、福西朱美　『マンガでわかる大人のＡＤＨＤコントロールガイド』
法研　2015 年

岩橋和彦著、星野仁彦監修　『大人の " かくれ発達障害 " が増えている』
法研　2017 年

小野和哉　『最新図解 大人の発達障害サポートブック』
ナツメ社　2017 年

榊原洋一　『図解 よくわかる発達障害の子どもたち』
ナツメ社　2011 年

子安増生、郷式徹　『心の理論　第 2 世代の研究へ』
新曜社　2016 年

備瀬哲弘　『ちゃんと知りたい 大人の発達障害がわかる本』
洋泉社　2012 年

喜多野正之　『さとり世代のトリセツ』
秀和システム　2015 年

NPO フトゥーロ LD 発達相談センターかながわ編
『ワーキングメモリーとコミュニケーションの基礎を育てる聞きとりワークシート①
言われたことをよく聞こう 編』
かもがわ出版　2014 年

■著者
谷原 弘之（たにはら・ひろゆき）
川崎医療福祉大学医療福祉学部臨床心理学科 教授
臨床心理士
1962年生まれ、岡山県出身。川崎医療福祉大学大学院博士後期課程医療福祉学研究科医療福祉学専攻修了。日本産業ストレス学会理事、岡山心理学会理事。研究テーマは職場のメンタルヘルス。復職支援、職場適応支援、カウンセリングを行う。

事例でわかる
発達障害と職場のトラブルへの対応

平成30年5月22日　第1刷発行

著　　者　谷原弘之
発 行 者　東島俊一
発 行 所　株式会社 法 研
〒104-8104　東京都中央区銀座1-10-1
販売 03(3562)7671 ／編集 03(3562)7674
http://www.sociohealth.co.jp
印刷・製本　研友社印刷株式会社

0123

ISBN978-4-86513-502-2 C0077　定価はカバーに表示してあります。